백만장자 알고리즘

KB191121

WHAT SELF-MADE MILLIONAIRES DO THAT MOST PEOPLE DON'T
: 52 Ways to Create Your Own Success by Ann Marie Sabath

Copyright © 2018 Ann Marie Sabath
Korean edition copyright © Ready to Dive, 2025
All rights reserved.
This Korean edition published by arrangement with Red Wheel Weiser, LLC through
Shinwon Agency Co., Ltd.

이 책의 한국어판 저작권은 신원 에이전시를 통한 저작권사와의 독점 계약으로 레디투다이브에 있습니다.
저작권법에 의해 한국 내에서 보호를 받는 저작물이므로 무단 전재와 복제를 금합니다.

오직 스스로의 힘으로 | 백만장자 100명의 | 앤 마리 사바스 지음
부의 정점을 찍은 | 성공 법칙 | 김미정 옮김

백만장자 ——
알고리즘

WHAT SELF-MADE
MILLIONAIRES
DO THAT
MOST PEOPLE DON'T

READY TO
DIVE

시작은 미약했지만,
창대한 성공을 꿈꾸는 모든 이들을 위해

'단숨에 부자가 되는' 가짜 비법에 관한 책들로 넘쳐나는 출판계에 진짜 법칙을 담은 책을 쓴 앤 마리 사바스가 등장했다. 이 책은 기존에 존재하던 책들과 정반대로, 차근차근 부자가 되는 진짜 법칙을 다룬다. 저자는 거창한 주장 대신 설득력 있는 사연들과 실용적인 조언들을 짧고 이해하기 쉽게 제시한다. 당신의 목표가 무엇이든 이 책은 한 단계씩 당신의 성공 가능성을 극대화해줄 것이다.

— 스티브 베넷, AuthorBytes 설립자 겸 크리에이티브 디렉터

백만장자가 되는 길이 정해져 있지는 않지만 이 책은 가장 근접한 길을 보여준다. 앤 마리 사바스는 성공한 사람들과 성공하지 못한 사람들을 가르는 습관과 비밀을 아주 자세히 분석해냈다.

— 더글러스 A. 본파스, 국제공인재무설계사, 《The Millennial Money Fix》 공동 저자

저자는 평범한 월급쟁이에서 시작해 결국 백만장자에 도달할 수 있는 방법을 실천하기 쉬운 52가지 법칙으로 정리해 우리를 매료시킨다. 백만장자들의 성공법칙을 일주일에 한 가지씩 집중적으로 익힌다면 일년 안에 더 큰 성공을 거둘 수 있으리라는 결론을 내리게 만든다.

— 데이비드 크레이머, 《The $500 Cup of Coffee》 공동 저자

적은 돈으로 시작해 큰 자산을 이룬 이들 특유의 사고방식에 대한 사람들의 이해를 높여주는 책이다.

— 윌리엄 H. 배글리, 회계법인 딜로이트 앤 투시 전 지역 인사 총괄 이사

부의 알고리즘을 깨달은 사람들처럼, 스스로 생각하게 만드는 책이다.

— 존 도, 메리어트 롯징 전 현장 영업 부사장

성공과 커리어에 욕심이 있는 이들이라면, 이 책에서 제공하는 조언에서 분명 도움을 받을 수 있을 것이다.

— 쉴라 캐서리, 셀러브리티 포커스 전 사장

차례

1장

부자의 사고방식을 세팅하라

2장

시간을 다루는 자가 돈을 다룬다

3장

결국 행동하는 사람만 부를 쥔다

4장

운명을 조종하는 마음의 기술

5장

삶을 뒤흔드는 태도 혁명

6장

돈보다 더 중요한 것을 알아챈 사람들

누가 이 책을 읽어야만 하는가? 바로 당신이다!

《백만장자 알고리즘》이라는 이 책의 제목이 아마도 당신의 시선을 사로잡았을 것이다. 대부분의 사람들이 그렇듯, 당신 역시 하루 24시간을 일과 삶에 쫓기며 보내고 있을 테고, 그 와중에 누군가는 어떻게 특별한 성공을 이룰 수 있었는지 궁금할지도 모른다. 자수성가로 백만장자가 되는 일이 멀게만 느껴질 수 있다. 하지만 이 책은 그 길이 생각보다 멀지 않다는 것을 보여줄 것이다. 당신은 백만장자들의 공통된 법칙을 배우고, 그대로 실천만 하면 된다.

누군가는 스스로에게 이렇게 말할지도 모른다.

"이제 막 첫 직장에 들어왔어. 월급도 많지 않고, 아직은 돈보다는 경험이 더 중요하다고 생각해. 친구들이랑 여행도 다니고 맛있는 것도 먹고 싶어. 재테크는 나중에 여유 생기면 그때 시작해도 늦지 않겠지."

또 어떤 사람은 이렇게 생각할 수도 있다.

"나는 맞벌이하면서 아이를 키우고, 전세 대출도 갚고, 육아비에 교육비까지 챙겨야 해. 로또에 당첨되거나 생각지도 못한 재산을 상속받지 않는 이상, 절대 부자가 될 수 없을 거야."

또 다른 누군가는 이렇게 말할지도 모른다.

"지금 하는 일만 벌써 20년째야. 이 나이에 새로운 분야에 도전하기도 부담스럽고, 여유가 생기면 그냥 여행이나 다니는 게 낫지."

여기서 우리는 알 수 있다. 백만장자가 되는 길을 가로막고 있는 유일한 요인은 당신 자신이라는 것을!

이 책에 관심을 가졌다는 것 자체가 당신도 백만장자가 되기를 갈망하고 있다는 증거다. 오늘 시작할 수 있는 일을 왜 내일로 미루는가? 당신이 성과급에 따라 수입이 달라지는 프리랜서이든, 시급 1만 원 안팎의 아르바이트를 하는 사람이든, 연 평균 약 4,500만 원을 버는 대한민국의 평범한 직장인이든 혹은, 회사와 집을 오가며 하루하루를 바쁘게 살아가는 워킹맘이든 아이를 키우느라 지출이 많아 좀처럼 돈을 모으기 어려운 부모이든 상관없다. 누구나 사정은 다르고, 여유는 쉽게 생기지 않는다.

분명한 건 하나다. 당신이 누구든 지금, 이 순간 시작할 수 있다는 것. 시작이 빠를수록, 경제적 자유와 부자의 자리에 더 가까워질 수 있다.

그렇다고 이 길이 쉽고 빠르다는 뜻은 아니다. 백만장자로 자수성가하는 데는 5년, 10년, 20년, 또는 그 이상이 걸릴 수도 있다. 이는 당신이 경제적 기반을 얼만큼 갖춘 상태에서 시작했는지, 그리고 '당신을 성공으로 이끄는 52가지 법칙' 중 몇 가지를 이미 습득한 상태인지에 따라 달라진다. 그러니 자수성가형 백만장자로 가는 GPS를 설정하고, 지금 바로 출발하라!

자수성가로 백만장자가 되기 위한 핵심 원칙 중 상당수는 돈 그 자체와 직접적인 관련이 없다. 오히려 성격과 태도, 인간관계에서의 소통 능력, 저축과 소비 습관, 그리고 전반적인 생활 방식과 깊이 연결돼 있다. 지금 가진 돈이 많지 않다고 해서 시작조차 하지 않는다면 아무것도 달라지지 않는다. 오늘 시작한다면, 목표에 도달하는 시점도 그만큼 앞당겨질 수 있다. 가난에서 벗어난 삶은 결코 먼 이야기가 아니다. 오히려 그 반대다! 당신이 직접 설계한 로드맵을 따라가다보면, 분명히 성공한 인생을 살게 될 것이다. 그리고 당신이 옳다고 믿는 길 위에서 느끼게 될 성취감과 만족감은, 그 어떤 부보다도 값질 것이다.

이 책에서 소개할 사람들은 누구인가?

유명한 백만장자의 이야기를 기대하는 사람에게는 이 책이 적절하지 않을 것이다. 나는 의도적으로 '잘 드러나지 않은 백만장자들', '스스로의 힘으로 부의 궤도에 올라탄 현실 속 사람들'을 인터뷰하기로 했다. 내가 선정한 사람들은 "난 성공했어!"라고 옷과 자동차, 집을 통해 과시하지 않는 사람들이다. 그보다는 여전히 검소하고 겸손하게 살며 맨손으로 부를 창조한 사람들 즉, 모든 사람이 공감할 수 있는 보통의 사람들이다.

이들이 백만장자의 위치에 도달한 나이는 16세부터 65세까지 다양하다. 그들의 배경도 다양하다. 이민 1세대부터 3세대까지 있으며, 여성도 있고 남성도 있다. 화이트칼라 전문직도 있고 블루칼라 노동자도 있다. 매일 같이 출퇴근하는 월급쟁이도 있고 좋은 아이디어를 사업으로 연결시킨 사업가의 이야기도 있다. 그들 다수는 여전히 현직에 종사하고 있다.

어머니의 반대를 무릅쓰고 창업해 성공을 거둔 사람, 막노동을 하다 광섬유 회사를 창업한 사람, 영어도 할 줄 모르는 채 부모와 함께 여행 가방 하나와 바이올린만 달랑 들고 15살에 미국에 이민 온 사람의 이야기도 읽게 될 것이다. 실제로 직함이 '최고 행복 책임자'Chief Happiness Officer인 사람도 만나게 될 것이다.

자기 사업을 했던 사람들도 있다. 헌신적인 직원으로 회사에 다녔던 사람들도 있다. 실패 끝에 성공했던 사람들도 있다. 가족을 부양하기 위해 성공하지 않을 수 없었던 사람들도 있다. 무의식적으로 성공을 좇는 과정 자체를 즐기는 사람들도 있다. 이유를 막론하고 그들 모두는 자신이 규정한 '성공'을 달성하는 데 필요한 일이라면 무엇이든 했다.

이 책을 읽다보면 알게 되겠지만, 그들 중 일부는 실명을 공개했다. 일부는 자신의 사연을 기꺼이 들려주면서도 이름은 밝히지 말아 달라고 요청했다. 어떤 경우든 그들의 진술한 이야기가 당신에게 영감을 줄 것이라고 장담할 수 있다.

이 책을 위해 인터뷰한 사람들은 서로 모르는 사이지만, 그들에게는 공통점이 있다. 그 공통점이 바로 '자수성가한 백만장자들의 성공 법칙 52가지'이다.

자수성가한 백만장자에 대한 선입견과 진실

처음엔 나도 그랬다. '부자'라고 하면 으레 고급 주택에 살고, 값비싼 외제차를 몰며, 어디서든 눈에 띄는 삶을 살 거라고 생각했다. 뭔가 특별한 배경이나 스펙이 있어야지만 가능한 일처럼 보였고, 그들과 나 사이에는 보이지 않는 벽이 있다고 느꼈다.

하지만 직접 그들과 시간을 보내고 이야기를 들으면서, 내 생각이 얼마나 잘못됐는지 하나하나 깨닫게 됐다. 진짜 부자들의 삶은 우리가 상상하는 이미지와는 꽤 다르다. 오히려 조용히, 꾸준히 자기 길을 걸어온 사람들의 모습이다.

오해: 자수성가한 백만장자들은 명문대 출신이다.
사실: 명문대 출신도 있지만, 평범한 국립대, 심지어 정규교육을 다 마치지 않은 이들도 많다. 중요한 건 배움보다 실행이었다.

오해: 부자들은 고급 외제차를 탄다.
사실: 오래된 국산차나 중고차를 타는 사람도 많다. 차보다 돈이 더 중요하니까.

오해: 자수성가한 백만장자들은 지출 금액을 걱정하지 않는다.

사실: 자수성가한 백만장자의 대대수는 지출을 철저히 관리한다. 계산기 두드리는 습관이 몸에 밴 사람들이다.

오해: 자수성가한 백만장자들은 최신 유행하는 옷을 입는다.
사실: 최신 유행인 옷을 입는 사람도 있지만 대대수는 옷으로 관심을 끌려고 하지 않으며, 유행을 타지 않는 수수한 옷을 입는다.

오해: 자수성가한 백만장자들은 자신이 사회경제적 지위가 낮은 이들보다 우월하다는 분위기를 풍긴다.
사실: 자수성가한 백만장자의 대대수는 겸손하며 지역사회 또는 자신이 선택한 자선단체에 시간을 기부한다.

오해: 자수성가한 백만장자들은 집값이 비싼 지역에 산다.
사실: 외곽의 조용한 동네나 실속 있는 집을 선택하는 경우가 많다. 그들에게는 삶의 질이 더 중요하다.

오해: 부자가 될 수 있는 성격은 따로 있다.
사실: 내성적인 사람도, 외향적인 사람도 부자가 될 수 있다. 각자의 성격에 맞는 부자의 법칙이 존재한다.

오해: 창업은 천재적인 아이디어가 있어야 가능하다.
사실: 시의적절한 아이디어와 근면함, 끝까지 해내겠다는 자세만

있다면 사업으로 성공할 수 있다.

자수성가한 백만장자는 평범한 사람들과 무엇이 다른가?

나는 평범한 월급쟁이와 평범한 월급에서 부를 일군 사람들 사이에 어떤 차이가 있는지 직접 눈으로 확인하고 싶었다. 이 책을 준비하며 그런 사람들 30명을 인터뷰했고, 그 과정을 통해 분명한 차이점들이 있다는 걸 알게 됐다. 이제 그 이야기들을 여러분과 나누려 한다.

하지만 먼저, 한 가지는 짚고 넘어가야겠다. 당신이 상상할 만한 '성공한 사람의 전형적인 모습'(좋은 집안, 좋은 학교, 뛰어난 재능)은 핵심이 아니라는 점이다. 그들 중에는 고등학교 졸업장조차 없는 사람도 있었고, 대부분은 중산층 혹은 그보다도 더 열악한 환경에서 출발했다.

그렇다면 그들은 어떻게 평범함을 넘어설 수 있었을까?

그 차이를 만든 건 '돈으로 살 수 없는 것들'이었다. 특별한 교육이나 배경 덕분이 아니라, 누구나 기를 수 있는 마음가짐과 습관, 태도와 행동이 그들을 지금의 자리까지 이끌었다.

나는 그들이 공통적으로 갖고 있던 행동 특성들을 52가지로 정리했다. 이 52가지 특성은 그들이 성공하도록 했을 뿐 아니라, 그 위치를 유지하게 만드는 공식이기도 하다.

당신도 마찬가지다. 이 특성들을 알고, 익히고, 꾸준히 실천해 간다면 부의 궤도에 오를 수 있다.

1. 스스로 운명을 만들어간다.
2. 시간을 현명하게 쓴다.
3. 감정을 잘 다스리고 남을 배려한다.
4. 자신을 믿는다.
5. 신뢰를 쌓는다.
6. 틀에 얽매이지 않는다.
7. 소박하게 산다.
8. 창의적으로 문제를 해결한다.
9. 될 때까지 계속한다.
10. 성공에 자만하지 않는다.
11. 몸을 소중히 돌본다.
12. 마음을 성장시킨다.
13. 겸손하다.
14. 무엇이 중요한지 분명히 안다.
15. 나누는 삶을 산다.

16. 미래를 설계하고 대비한다.

17. 돈을 아끼고 존중한다.

18. 전략적으로 생각하고 판단한다.

그리고, 가장 중요한 19번째 공식이 있다.

혹시 알고 있는가? 오프라 윈프리는 볼티모어의 방송국에서 뉴스 앵커로 일하던 시절, 보도 스타일이 지나치게 감성적이라는 이유로 해고당했다.

토머스 에디슨은 교사에게서 "이 아이는 도저히 배움이 불가능하다"는 평가를 받았고, 해리슨 포드는 한 영화사 간부에게 "당신은 배우로서 절대 성공하지 못할 것"이라는 말을 들었다.

스스로의 힘으로 탁월한 성공을 이룬 사람들은 남들과는 다르게 결과를 '해석'한다. 대부분의 사람들이 예상치 못한 결과를 '실패'로 받아들이는 반면, 그들은 이를 다음 시도를 위한 데이터로 활용한다. 이것이 자수성가한 백만장자들의 가장 중요한 공통점이다.

그들의 사전에 실패는 없다. 이는 단지 또 하나의 연습일 뿐이다. 실제로 많은 자수성가한 부자들은 실패를 통해 배운다. 그들은 '무엇을 달리했어야 했는지'를 집요하게 분석하고, 다시 배팅 케이지(연습장)로 돌아간다. 실패를 두려워하지 않고, 그 안에서 다음 기회를 찾아내는 능력. 이것이 바로 자수성가한 백만장자들의 중요한 공식이다.

어떻게 하면 이 책을 유용하게 활용할 수 있는가?

각 장에 소개된 성공한 사람들의 특성과 당신 자신의 모습을 비교해보자. 겉보기에 단순하고 뻔해 보이는 특성들일지라도, 막상 실천하지 않고 있었던 항목들을 마주하면 '아하!' 하고 무릎을 치게 되는 순간들이 찾아올 것이다.

이 책은 총 52가지 성공 법칙을 하나씩 설명한 뒤, 각 장의 끝마다 바로 실천할 수 있는 '행동 단계'를 제시하고 있다.

책을 다 읽은 후에는 먼저, 당신이 이미 갖추고 있는 법칙이 무엇인지 돌아보자 그리고 아직 익숙하지 않은 법칙들 중 하나를 골라 한 주에 하나씩 실천해보자.

특히 낯설고 어렵게 느껴지는 법칙일수록, 당신의 변화에 더 큰 영향을 줄 가능성이 높다. 그것들이야말로 자수성가형 백만장자라는 결승선에 도달하는 데 결정적인 차이를 만드는 요소들이기 때문이다.

1장

부자의
사고방식을
세팅하라

백만장자들의 두뇌 기본설정
: 성공의 역발상 3단계

저절로 자수성가한 백만장자가 될 수 있는 것은 아니다. 만약 그렇다면 지금 당신 역시 백만장자여야 할 것이다. 부의 알고리즘을 깨달은 사람들은 시작부터 접근 방식이 다르다. 그들은 '거꾸로 사고방식' reversal thinking 이라고 부르는 사고를 한다. 이는, 마음속에 목표를 정해놓고 시작하는 방식이다.

♦ 1단계: 목표를 정하라!

백만장자의 사고방식을 가진 사람은 자신이 원하는 바를 매우 구체적이고 정확하게 규정하고 시작한다. 다시 말해서 마음속으로 분명한 목표부터 우선 정하는 것이다.

쉬울 것 같지 않은가? 그렇다! 연습을 한번 해보자. 당신이 최종적으로 무엇을 원하는지에 대하여 '거꾸로 생각하기'를 해보라. 자수성가해 백만장자가 되고 싶다고 생각해보자. 이제 1단계는 해결했으니 2단계로 넘어가자!

◆ 2단계: 믿음을 가져라!

믿어라! 자수성가한 백만장자가 될 수 있다고 정말로 믿는가? 진심으로 믿는가? 이 두 질문이 백만장자가 되고 싶다는 마음을 더 확고하게 만들어주었기를 바란다.

만약 머릿속으로 백만장자가 될 수 없는 온갖 이유가 떠오른다면, 지금 그것들을 하나도 빠짐없이 종이에 적어라("나는 근근이 먹고살고 있다. 차 할부금과 주택 융자금도 갚아야 한다…").

이제 당신의 의심을 적은 종이를 찢어라. 있는 힘껏 쫙쫙 찢어라. 그렇게 함으로써 의심을 마음속에서 떨쳐낼 수 있을 것이다. 슬그머니 의심이 들 때마다 그것을 종이에 적은 다음 찢어버리는 과정을 반복하라!

당신의 목표가 '허황한 생각'이라며 반대하는 사람들의 말에 괴로워하지 말고, 스스로 마음속으로 정한 목표에 대해 계속 확신을 가져라. 이 책을 읽으면 그런 부정적인 사람들을 당신이 목표를 달성하도록 응원해주는 사람들로 바꾸는 방법을 배우게 될 것이다. 성공 법칙 16(당신이 시간을 함께 보내는 사람 4명이 미래의 당신 모습이다)과 17(부자들은 알고, 가난한 사람은 모르는 '브레인트러스트')는 자수성가한 백만장자의 사고방식을 유지하는 데 도움이 될 것이다.

♦ 3단계 : 달성하라!

이제 세 장의 쪽지에 '나는 자수성가한 백만장자가 될 것이다'라는 문장을 써라. 쪽지 하나는 침대 매트리스 아래에, 또 하나는 지갑 안에, 세 번째 쪽지는 자동차의 글러브 박스에 넣어두라. 당신 외에는 누구도 보지 않을 곳이면 어디든 괜찮다. 휴대전화의 메모장에도 이를 적어두라.

당신은 지금 이렇게 묻고 있을지도 모른다. '시키는 대로 자수성가한 백만장자가 될 것이라는 목표를 가슴에 품었어. 흥분도 되고 그런 부를 달성할 수 있다는 믿음도 정말로 있어. 그렇지만 무엇부터 시작해야 할지 전혀 모르겠어.'

그러나 답부터 찾으려 해서는 안 된다. 대신 '어떻게 하면 백만장자로 자수성가할 수 있을까?'라는 질문부터 해야 한다. 내가 약속하건대, 당신은 결국 답을 알게 될 것이다. 몇 주나 한 달, 1년, 심지어 5년이 걸릴 수도 있지만 인내심을 갖고 자신에게 귀를 기울여라. 그러면 답이 떠오를 것이다.

당신은 이미 시작한 것이나 마찬가지다! 나는 목표를 가슴에 품고conceive, 믿고believe, 달성하는achieve 이 CBA 전략을 지난 40년간 수차례 성공적으로 사용해왔다. 그러므로 당신에게도 효과가 있으리라고 약속할 수 있다.

자수성가한 백만장자의 사고방식은 머릿속 생각에서 출발한다. 이 책에 등장하는 자수성가한 백만장자들이 어떻게 그런 부를 쌓았는지, 그들의 직접적인 경험을 통해 들을 수 있을 것이다.

그 가운데 한 명인 앤디 히달고Andy Hidalgo는 이렇게 말한다.

"당신도 할 수 있습니다. 당신이 진심으로 원하기만 한다면 말이죠."

알고리즘 트리거: 오늘 자정 전까지 메모지 혹은 휴대폰 메모앱에 "내가 1년 안에 이루고 싶은 구체적인 목표"를 문장으로 작성한다.
예: "2026년 5월까지 매달 300만 원의 부수입을 만든다."

성공 비결
2

성공을 정의하지 않으면
평생 가난하다

당신은 성공을 어떻게 정의하는가? 많은 사람들은 성공이 목표를 세우고 그것을 달성하는 것이라고 이해한다. 사람들은 날마다 개인적이거나 직업적인 차원에서의 성공을 경험한다. 출근하기 전에 달성하고 싶은 일의 목록을 작성하고 그것들을 성공적으로 끝낸다.

이 모든 작은 성취에서 얻은 자신감으로 사람들은 더 큰 성공을 만들어낸다. 크든 작든, 성공을 거두기 위한 원칙은 동일하다는 점을 기억하라. 목표를 세우고, 기한을 설정한 뒤, 그것을 달성해내면 된다.

실제로 성공을 두려워하는 사람들이 있다는 것은 다소 놀라운 일이다. 아마도 과거에 실패를 경험했을 때 거기서 배움을 얻고 앞으로 나아가기 보다는, 부정적인 상황 앞에서 무력해져서 자신은 성공할 수 없다는 믿음을 갖게 되었기 때문일 것이다.

성공을 낙관하는 사람들은 성공을 두려워하는 사람들과는 매우 다른 사고방식을 갖고 있다. 그들은 과거의 성취를 근거로 '성공'이라는 두 글자를 긍정적으로 정의한다. 그들의 성취 경험은 미래의 성공을 위한 자신감과 노하우로 마음속에 자리 잡는다.

이 책의 목적은 당신도 성공을 손에 넣을 수 있다는 사실을 알려주는 데 있다. 자신이 원하는 목표를 명확히 하고, 52가지 성공법칙을 실천에 옮길지 말지는 당신의 몫이다.

나는 이 책을 쓰기 위해 자수성가한 백만장자들을 인터뷰하면서 그들이 생각하는 '성공'이란 무엇인지 물었다. 다음은 그들에게서 들은 답변의 일부다.

"성공은 자신을 행복하게 만드는 것입니다." —코니 L.

"자식들을 부양하고, 내 분야에 긍정적 영향을 미치고, 개인적이거나 직업적으로 이로운 도전적 목표들을 달성하는 것입니다."
—존 피어스

"다른 사람들을 만족시키는 것이 아니라 거울 속에 보이는 사람, 바

로 내가 만족스러워야 하죠." — 미키 레드와인

"행복이죠. 균형 잡힌 삶을 살고, 성취감을 느끼며 사랑과 인정을 받고, 당신 자신과 가족을 돌보면서 타인까지 도울 능력이 생기는 것입니다." — 스티브 험블

"자신이 하는 일로 사람들의 인정을 받고, 행복하고 여유로울 수 있으며, 생존을 위해 매일 일어나 일하지 않아도 될 만큼 충분한 돈이 있으면서도, 사람들의 존경을 받는 것이에요." — 제임스 티모시 화이트

"내가 사랑하는 일을 하면서 돈을 버는 것입니다." — 마이크 베터

"가족을 돌보고 어려운 사람들을 도울 수 있는 것이에요." — 버니 라잇지

"자신이 선택한 일을 잘 해내는 거죠." — 닉 코바체비치

"내가 사랑하는 일을 하면서 돈도 충분히 버는 것입니다. 그리고 길이 남을 업적을 남기는 거죠." — 톰 콜기

"돈 걱정이나 직업적 스트레스 없이, 나를 행복하게 해주는 일을 할 수 있는 능력이라고 봅니다." — 빌 던

"자신이 좋아하는 일을 하면서 즐기는 거죠." — 앨런 샌포드

"자신의 진실성이나 가족의 가치관을 전혀 훼손시키지 않으면서, 개인적인 자산 목표를 달성하는 것입니다." — 앤디 히달고

"내면의 존재와 지속적인 관계를 맺는 것입니다." — 잭 버크

"실패하더라도 열의를 잃지 않으며 그 속에서 배움을 얻고, 다른 사람들에게 사랑받고 존중받는다면 당신은 성공을 거둔 것입니다."
— 로저 데로스

"내 열정을 추구하고, 그 결과물이 내가 존경하는 사람들에게 호평을 받을 때, 그게 바로 성공한 거죠." — 존 M.

◆ '내가 생각하는 성공'을 명확히 할 수 있는 세 가지 방법

1. 내가 성공적으로 끝낸 마지막 프로젝트를 적어본다.

2. 위의 프로젝트를 완료하기까지의 과정을 기록해본다.

3. 목표를 달성한 뒤 얻은 이점을 설명한다.

알고리즘 트리거: 성공이란 무엇인가에 대한 자기만의 정의를 정리한 뒤, 그것을 휴대폰 배경화면이나 다이어리에 붙여 매일 확인한다.

좋아하는 일로 먹고사는 사람들의
3단계 전략

당신은 근무 시간에 좋아하는 일을 하고 있는가, 아니면 근무 시간 자체가 싫기만 한가? 일을 좋아하고 잘하고 있다면, 당신은 이미 열정을 쏟을 일을 찾은 것이다. 반대로 열정을 느낄 만한 일을 아직 고민 중인 사람이라면 세 번째 성공 법칙에 주목하라!

내가 열정을 갖는 일부터 이야기해보자면, 나는 사람들에게 무엇을 해야 할지 알려주는 걸 좋아한다. 이래라저래라 지시를 내린다는 뜻이 아니다. 단지 성공할 수 있는 길로 인도해준다는 뜻이다. 내가 31년 전에 기업교육 사업을 시작한 이유도 젊은 직장인들에게 미끄러운 성공의 사다리를 오르는 방법을 가르쳐주기 위해서였다.

이제 당신이 열정을 가지는 일에 대해 이야기해보자. 여가 시간에 하고 싶은 활동이나 읽고 싶은 글은 무엇인가? 운동이나 여행, 글쓰기를 하고 싶은가? 또는 주택 리모델링 쇼를 즐겨 보거나, 골동품을 수집하는 것을 좋아하는가? 당신 안의 열정을 찾기 위한 첫 번째 단계는 시간 가는 줄도 모르고 즐겁게 몰두하는 일이 무엇인지 생각해보는 것이다. 그것을 파악하면 당신이 진짜 열정을 가진 일이 무엇인지 알게 될 것이다!

많은 사람이 좋아하지도 않는 일을 어쩔 수 없이 한다. 그런 사람은 자신만 비참해질 뿐 아니라 주변 사람들의 삶까지 불행하게 만든다. 당신도 그런 사람인가?

자수성가형 백만장자 앨런 샌포드Allan Sanford의 이야기를 살펴보자. 당시에는 알아차리지 못했지만, 그는 아홉 살 생일날 부모님으로부터 바이올린을 선물 받은 순간 열정의 대상을 찾게 되었다.

대부분의 아이들처럼 앨런도 처음에는 하루에 30분씩 연습했다. 하지만 몇 년 후에는 누가 시키지 않아도 알아서 연습했다. 바이올린 연주를 너무 좋아한 나머지, 하루에 한 시간이던 연습이 나중에는 하루에 네 시간으로 늘어났다. 열정을 가진 일은 그렇게 되기 마련이다.

전공을 선택할 때가 됐을 때 앨런의 어머니는 의학이나 법학을 공부하라고 강력히 권했다. 하지만 앨런은 그럴 생각이 없었다. 그는 어머니의 뜻을 거스르고 줄리아드 음악대학에 지원했다.

줄리아드에 다니고 있던 어느 날 앨런은 바이올린의 거장 앞에서 연주하게 됐다. 그리고 "실력은 좋지만, 연주자의 삶은 힘든 길이니까 다른 직업을 찾아보라"는 말을 들었다.

다행히도 앨런의 배짱과 바이올린 연주에 대한 열정은 누구보다도 컸다. 그는 계속해서 하루에 네 시간씩 연습했고 세계적으로 유명한 교향악단에 들어가려고 오디션도 보았다. 하지만 합격하지는 못했다.

오디션 탈락에도 앨런의 열정은 꺾이지 않았다. 연습을 계속 이어가던 그는 2년 뒤 뉴욕 필하모닉에서 바이올리니스트 선발 공고를 내자 다시 오디션을 보았다. 그리고 세계적인 지휘자, 레너드 번스타인으로부터 합격 통보를 받았다!

그렇게 앨런은 35년간 뉴욕 필하모닉의 바이올리니스트로 활동했다. 바로 이것이 열정을 추구할 때 일어나는 일이다!

열정을 쏟을 일을 찾은 후에는 꾸준히 밀고 나가야 한다. 앨런의 성공 역시 거저 얻은 결과가 아니었다. 그는 16년 동안 연습에 1,600시간을 쏟아부었다. 다른 사람들이 생각하는 좋은 진로를 선택하기보다, 계속 자신의 열정을 따랐다.

이제는 당신이 다음 세 단계에 따라 열정을 발견할 차례다.

♦ 열정을 발견하는 3단계

· **1단계**: 열정을 느끼는 일을 찾는다. 천천히 찾아보라. 바로 눈앞에 있는 일일 수도 있다. 그러다보면 당신의 열정이 무엇인지 알아차리게 될 것이다.

· **2단계**: 열정에서 수익을 창출할 방법을 찾는다. 열정을 느끼는 일을 발견했다면, 당신처럼 그 일에 관심을 가진 사람과 이야기를 나눠라. 그들은 어떻게 그 일에서 수익을 창출했는지 이미 알고 있을 것이다. 당신의 열정을 사업으로 연결하려면 어떻게 해야 할지 알아낼 수 있을 것이다.

· **3단계**: 매진한다. 당신이 시간 낭비를 하고 있다며 사람들이 반대할 때 낙담하지 말라. 대신 당신의 불타는 열정을 좇고, 도중에 맞닥뜨리는 장애물들을 극복하라.

알고리즘 트리거: '내가 좋아하는 일' 리스트를 10가지 적어본다. 그중 하나를 골라 수익화하는 방법을 고민하고, 이미 수익화를 이루고 있는 사람을 찾아 무작정이라도 연락해본다.

51세에 백만장자가
될 수 있던 이유

높은 IQ가 성공을 보장한다면 학창 시절 우등생이었던 사람들만 선두를 달리고 있을 것이다. 돈만 많으면 누구나 성공할 수 있다면 오늘날의 발명품들은 부유한 사람들에게서만 나왔을 것이다. IQ가 높고 돈도 많다면 좋겠지만, 이 두 가지는 자수성가한 백만장자의 52가지 법칙에 포함되지 않는다. 대신 가장 중요한 성공 법칙 중 하나는 바로 자기 자신에 대한 믿음이다.

대학 중퇴는 분명 사회적으로 쉽게 용인되는 선택은 아니지만, 성공한 사람들 가운데는 대학을 중퇴한 이들이 꽤 있다. 오프라 윈프리, 마크 저커버그, 브래드 피트, 테드 터너, 스티브 잡스 등, 이 외에도 많은 이들이 대학을 중퇴했다. 이 거물들의 공통점은 자기 자신에 대한 믿음이 있었다는 것이다.

당신이 아는 매우 똑똑한 사람들을 떠올려보라. 그들 중에는 뛰어난 아이디어를 갖고 있으면서도, 그것을 다음 단계로 끌고 갈 자신감이 없는 사람도 있을 것이다. 반면, 그렇게 똑똑하다고는 할 수 없지만, 단순한 아이디어에 거액을 투자해 회사를 세울 만큼 자신을 믿는 사람들도 있을 것이다.

이 두 유형의 차이는 바로 자신감에 있다. 자신의 아이디어가 성공하지 못할 게 뻔하다고 생각하는지, 아니면 자신의 아이디어가 통하지 않을 거라는 생각 조차도 않는지의 차이다. 자신과 자신이 구상한 아이디어에 대한 믿음이 있을 때만이 다른 사람을 설득할 수 있는 것이다.

당신은 어느 유형인가? 자신감이 없어 물러나는 사람인가, 아니면 강한 자신감으로 아이디어의 신빙성을 높이는 사람인가?

백만장자 로라 피츠제럴드Laura FitzGerald의 이야기를 들어보자. 로라는 자신에 대한 강한 믿음으로 51세의 나이에 백만장자가 될 수 있었다. 그녀의 경험은 '믿음이 어떤 마술을 부리는지' 보여주는 아주 좋은 예다. 로라는 자신에 대한 강한 믿음으로 자원관리기술사 자격증을 딴 뒤 일리오스 리소스Ilios Resources의 사장이 됐다. 그녀가 루이지애나주 슈리브포트에 설립한 회사는 루이지애나 북부, 텍사스 동부, 아칸소 남부의 광물들을 사들인다.

로라는 "내 덕에 수백만 달러를 번 사람이 여럿이에요. 당신도 내게 투자하면 수백만 달러를 벌 수 있어요."라는 말을 자주 하곤 했다. 자신과 자신의 사업에 대한 믿음이라는 마법이 어떻게 지금의 성공으로 이어졌는지에 대해 로라에게 물었다. 로라는 지치지 않고 끊임없이 공부하고 배우며, 계속해서 다시 시도하다 보니 자신을 믿고 절대 포기하지 않는 법을 터득하게 되었다고 설명했다. 로라는 신의 섭리라고밖에 설명할 수 없는 '믿음의 마법'을 여러 번 경험했다고 말한다.

로라는 '남자들의 일'로 여겨지는 '토지 사용 및 자원 개발권 취득과 매매'를 생업으로 삼고 있다. 자원 개발권(석유와 가스)이 허가된 토지를 찾아내어, 이를 매매, 중개, 임대하는 일이다. 그녀는 2004년부터 4만 에이커 이상의 자원 개발권을 확보해 수백만 달러를 벌어들였다. 이것이 자신에 대한 믿음을 기반으로 한 일이 아니라면 도대체 무엇이겠는가?

이 책을 위해 인터뷰했던 자수성가형 백만장자 존 M.은 17살에 이미 재산이 백만 달러를 넘었다. 그 역시 이렇게 말했다. "다른 누구보다도 당신이 스스로를 믿어야 합니다. 당신의 나이가 얼마든, 출신 배경이 어떻든, 당신이 추구하는 일은 당신 자신이 제일 잘할 수 있으니까요."

♦ 자신에 대한 믿음을 끌어올리는 세 가지 방법

1. '할 수 없다'가 아니라 '할 수 있다'라고 말하는 사람이 된다. 부정적인 생각이 들 때는 긍정적인 생각으로 전환하라. 예를 들어 '너무 피곤해서 체육관에 못 가겠다'라는 생각을 '30분간 운동할 기운을 모아보자'는 생각으로 바꿔본다.

2. 좋은 아이디어가 떠오를 때, 그 아이디어를 현실화한 사람들의 이야기를 읽는다. 그러면 아이디어를 발전시키고, 시간을 두고 현실화할 수 있다는 자신감이 생길 것이다.

3. 긍정적인 이야기를 읽고 듣고, 긍정적인 말과 사람들로 자신을 에워싸도록 한다. 가장 많은 시간을 함께 보내는 네 사람의 평균이 곧 당신임을 알아야 한다.

알고리즘 트리거: 나를 의심하는 메시지는 이제 끝이다. 성공하지 못할 이유들을 적은 뒤, 그 종이를 더 이상 내 안에 머물지 않도록 깔끔히 없앤다. 나는 앞으로 나아갈 사람임을 잊지 말자.

성공을 부르는 가장 빠른 방법
: 무조건 써라

원하는 목표에 도달하려면, 무엇보다 먼저 그 목표가 무엇인 지부터 분명히 알아야 한다!

당신이 5kg을 감량하기를 원하든 사업을 시작하면서 백만장 자로 자수성가하기를 원하든, 먼저 종착점, 즉 목표를 마음에 담 고 시작하라.

세맥스 파이낸셜 그룹Semmax Financial Group의 투자 자문가 조 베리Joe Berry는 다음과 같이 충고한다.

첫째, 다른 유혹과 욕구가 생기더라도 기꺼이 단념할 수 있을 만큼 자신에게 의미 있는 목표를 골라야 한다. 둘째, 자신의 목표 를 글로 쓰고 그것을 자주 들여다보면서 목표 달성에 계속 집중할 수 있어야 한다.

대부분의 사람들은 자신이 무엇을 원하는지 생각한 다음에 그것을 달성하는 데 집중하지만, 정작 중요한 단계는 잊고 지나친다. 바로 목표를 글로 쓰는 것이다.

마크 맥코맥Mark McCormack의 《하버드 MBA에서도 가르쳐주지 않는 것들》에는 1979년 하버드 MBA 과정 학생들을 대상으로 진행됐던 연구가 소개되어 있다. "자신의 장래 목표를 명확히 글로 써두고 그것을 달성할 계획을 수립한 학생은 얼마나 될까?"라는 질문으로 연구는 시작됐다. 그 결과는 놀라웠다.

- 84퍼센트는 목표가 없었다.
- 13퍼센트는 목표는 있지만 글로 써두지 않았다.
- 오직 3퍼센트만이 목표를 글로 써두고 목표 달성을 위해 노력하고 있었다.

10년 뒤 동일인들을 대상으로 다시 한번 조사가 이뤄졌다. 글로 쓰지는 않았지만 목표를 갖고 있었던 13퍼센트의 학생들은 목표를 설정하지 않았던 84퍼센트의 동기들보다 평균 2배의 수입을 올리고 있었다. 대단한가? 그렇다면 더 놀라운 사실들을 이어서 살펴보자.

10년 전, 명확히 글로 작성한 목표가 있었던 3퍼센트의 학생들은 나머지 97퍼센트의 수입을 모두 합한 것보다 평균 10배나 많은 수입을 올렸다!

자, 백문이 불여일견이다. 당신의 목표를 글로 적어보자!

알고리즘 트리거: 올 해 이루고 싶은 목표 3가지를 구체적으로 글로 적고, 매일 아침 또는 자기 전에 확인하도록 한다. 글로 적는 행위는 뇌에 '진짜로 하겠다'는 신호를 보낸다는 것을 기억하자.

네가 한 말을 못 지키면,
네 인생도 못 지킨다

당신은 약속을 잘 지키는 사람인가, 아니면 약속을 자주 어기는 사람인가? 사람들은 흔히 누군가가 약속을 얼마나 잘 지키는지를 지켜보고 그 사람의 가치를 매긴다. 자신이 하겠다고 한 일을 책임지고 하는 것은, 백만장자로 자수성가하기 위해 절대적으로 필요한 자질이다.

약속을 지키려는 노력은 먼저 자신과의 약속을 지키는 것에서 시작된다는 사실을 알고 있었는가? 가령 앞으로 설탕을 먹지 않겠다고 스스로 약속했다면 정말 실천하는가? 하루 8시간은 자겠다고 말한 후에 실제로 그렇게 자는가? 또는 일주일에 5번은 운동을 하겠다고 자신에게 약속한 후에 그 약속을 지키는가? 약속

지키기는 결국 자신에게 한 약속을 '지키는' 것에서 시작된다.

성공한 사람들은 자신이 말한 대로 행동한다. 말로만 주고받은 약속조차 지키려고 노력한다. 다이내믹 케이블 홀딩스Dynamic Cable Hodlings의 설립자이며 이 책을 위해 인터뷰에 응한 자수성가형 백만장자 미키 레드와인Mickey Redwine의 일화는 이를 완벽하게 보여주는 사례다.

한 번은 그의 회사의 광섬유 케이블이 끊어지는 바람에 수천 명의 고객에게 서비스를 제공하지 못하는 사태가 발생했다. 신속한 상황 수습이 무엇보다 중요했으므로, 공사를 입찰에 부치거나 고객에게 증빙서류를 요구할 시간이 없었다. 그의 회사는 오직 신뢰를 지키기 위해 수백만 달러가 들어가는 공사에 곧바로 착수했다.

당신은 약속을 꼭 지키는 사람인가, 아니면 말과 행동이 일치하지 않는 사람으로 알려져 있는가? 사람들은 빈말로 "나중에 전화할게" 또는 "내일 전화할게"라고 할 때가 많다. 그러나 상대방은 종종 그 말을 그대로 믿고 그 시간에 전화를 기다릴 수 있다. 이때 전화를 하지 않는다면 상대방의 신뢰를 잃게 된다.

무언가를 하겠다고 시간까지 정하여 약속하고서 지키지 않을 때 당신의 신용이 위태로워진다는 사실을 인식하라.

♦ 약속을 지키기 위한 세 가지 방법

1. 무언가를 하겠다고 말할 때는 우선 그 일을 적어두라. 그럼 그 말이 현실이 되고 실제로 실천할 가능성이 높아진다.

2. 언제까지 하겠다고 약속했다면 반드시 실행하라! 그 약속을 지킴으로써 다른 사람에게 신용을 얻게 될 것이다.

3. 하기로 한 일을 하지 못했을 때는 변명하지 마라. 다음에는 약속을 반드시 지켜서 자신과 타인 모두에게 신뢰를 회복하도록 하라.

알고리즘 트리거: 이번 주 안에 해야 할 약속과 목표를 캘린더에 기록하고, 지키지 못한 건 왜 못했는지 복기한 후, 다음 약속에서는 반드시 실천한다.

똑똑한 사람일수록 인생이 안 풀릴 때 이것부터 바꾼다

밤을 새워가며 스스로의 도덕성을 분석하는 사람은 거의 없다. 시험대에 올랐을 때야 비로소 자신이 진실한 사람인지를 알게 될 수 있다.

백만장자 코니 로렌츠Connie Lorenz의 사례는 진실함 덕분에 크나큰 포상을 받은 대표적인 경우이다.

코니는 매우 가난한 집에서 자랐다. 그래서 직장 생활을 시작한 뒤, 월급날까지 기다리지 않고 공과금을 낼 수 있었을 때 벌써 성공한 기분이 들었다.

회계팀장이 된 그녀는 직원들이 많은 돈을 벌어들이고 있음에도 회사가 왜 대금을 지급하지 못하는지 이해할 수 없었다.

그러던 어느 날, 코니는 사장으로부터 퇴사한 한 직원의 횡령이 의심된다며 조사해보라는 지시를 받았다. 그녀는 조사 과정에서 회계장부가 맞지 않는다는 사실을 눈치챘다. 곧이어 사장부터 말단 직원까지 모두가 횡령을 일삼고 있으며, 그 바람에 회사의 재정이 나빴다는 사실을 알아냈다.

게다가 회사에는 이중장부가 존재했고, 사주社主는 다른 도시에 살고 있어서 이 사실을 모른다는 것도 알게 됐다. 그녀는 회사에서 나가는 모든 물품에 대해 해당 부서에 책임을 지우고, 들여오는 모든 물품에는 주문서를 요구하는 간단하고도 확실한 방법을 쓰기 시작했다. 수치를 속일 수는 없으므로 횡령은 줄어들었고 코니는 점차 회사를 흑자로 돌려놓을 수 있었다. 그 사이에 코니는 사주에게 근거로 제시할 자료들도 모았다. 8개월 동안 자료들을 수집한 끝에 지난 5년간의 회계장부를 완전히 새로 작성하였고 그 결과 사라진 돈이 150만 달러 이상이라는 사실을 알게 됐다!

다른 주에 사는 사주에게 그의 절친한 친구이자 경영을 맡긴 사장이 바로 회삿돈을 횡령해온 장본인이었다고 알렸던 날은, 코니의 인생에서 가장 힘들었던 날이었다. 회사 소유주는 그다음 날 당장 비행기를 타고 회사에 와서 사장을 해고했다. 그리고 회사 상황이 호전될 때까지 자신을 도와준다면 코니에게 회사를 넘기겠다고 말했다. 그의 말이 진심이라고 생각하지는 않았지만 코니는 마치 자신의 소유인 것처럼 헌신적으로 회사를 운영했다. 일이 좋았던 나머지 시간에 구애받지 않을 정도로 열심히 일했다.

2006년 사주가 전화해서 약속했던 대로 그녀에게 회사를 넘길 준비가 됐다고 말했을 때 코니는 깜짝 놀랐다. 그가 마지막 서류에 서명하면서 "조만간 자네는 아주 부유한 젊은이가 될 걸세"라고 말했을 때 코니는 그 의미를 정확히 이해하지 못했다. 하지만 나중에 "생판 모르는 사람이 나타나 그를 구해줬을 때 참으로 감동했다"는 그의 편지를 받고서야 이해가 됐다.

사실 코니는 정직할 뿐 아니라 잘난 체할 줄도 전혀 몰랐다. 자신이 백만장자가 됐다는 사실도 CNBC의 〈블루칼라 밀리어네어〉Blue Collar Millionaire 프로듀서의 연락을 받고서야 알았을 정도였다. 처음에는 방송국에서 잘못 연락한 줄 알았지만, 그 프로그램에 출연할 자격이 있다는 말을 듣고서야 그녀는 자신이 백만장자라는 것을 깨달았다. 진실함의 결실이었다!

♦ 당신의 진실성을 보여줄 네 가지 방법

1. 약속을 지켜라. 누군가에게 특정 시간까지 답을 주겠다고 말했다면 답을 찾았든 못 찾았든, 약속했던 시간 또는 그 전에 반드시 연락하라.

2. 정직하라. 실수했을 때는 잘잘못을 따지기보다 먼저 자신의 실수를 인정하라. 남 탓을 일삼는 사람은 패배자에 불과하다.

3. 윤리적인 사람이 돼라. 비도덕적인 일을 알게 됐을 때 외면하지 말고 대응하라.

4. 모든 사람을 존중하라. 상사를 대하듯이 경비원과 관리인에게도 같은 배려를 보여라.

알고리즘 트리거: 정직한 행동을 실천했던 경험을 떠올려 기록한다. 윤리적 판단이 필요한 순간이 오면 말이 아닌 행동으로 보여준다.

성공 비결
8

실패 없는 인생,
그것이 실패한 인생이다

당신은 과거의 실패에서 배움을 얻는가, 아니면 같은 실수를 여러 번 반복하는가?

대부분의 사람들은 직관적으로 실수를 통해 배운다. 기어다니던 아기가 첫걸음마를 내디딜 때 그런 배움이 시작된다. 첫걸음마를 뗀 후에 바로 걷는 경우는 드물다. 대부분의 아기가 흔들거리고 발을 헛디디고 심지어 넘어진다. 그리고 다시 일어선다.

가족과 친구들로부터 받는 격려와 스스로의 내면의 힘에 따라, 실패를 기회로 바꿀 수 있다는 우리의 자신감이 증가하거나 감소한다. 이처럼 자신에 대한 믿음이라는 내면의 핵심은 많은 사람이 실패로 간주하는 상황에 대처하는 방식의 기반이 된다.

토머스 콜리는 자수성가한 백만장자의 27퍼센트가 사업을 시도했다가 최소한 한 번은 실패한 경험이 있다고 이야기한다. 팩트 리트리버 닷컴Factretriever.com에 따르면 평균적으로 백만장자는 최소 3.5회 파산한다고 한다.

많은 사람이 실패를 부정적으로 바라본다. 그들은 의도한 대로 되지 않을 때 손해를 입었다고 여기거나 막다른 길에 이르렀다고 본다. 그리고 너무 빨리 자신의 아이디어를 포기한다.

당신은 실패에 좌절하는가, 아니면 이를 '성공으로 가는 과정'이라고 보는가? 첫 번째 성공 법칙에서 말했듯, 자기 힘으로 성공하려면 '백만장자의 사고방식'이 필수다. 나는 30대 초반에 행동주의 심리학자 이든 라일Eden Ryle 박사의 글을 읽고 충격을 받았던 기억이 있다. 그녀는 "실패를 감수해야만 성공을 경험할 수 있다"라고 했다.

당신은 실패한 적이 있는가? 만약 없다고 대답한다면 내게 좋은 인상을 주지 못할 것이다. 대신 나는 이렇게 질문할 것이다. "당신은 왜 편안한 고치를 벗어나려고 하지 않았습니까?" 당신이 지원서를 낸 직장마다 합격했다고 이야기한다면, 그건 거짓말이거나 당신의 잠재력을 개발시켜줄 수 있는 직장에 지원하지 않은 것이다.

반대로 실패를 경험한 적이 있다고 인정한다면 위험을 감수한 당신에게 경의를 표할 것이다. 이어서 이렇게 물을 것이다. "어떻게 실패를 기회로 만들었나요?"

당신이 다른 사람이나 상황, 경제 등 갖은 이유를 대며 실패한 후에 포기했다고 말한다면 부끄러운 줄 알아야 한다! 변명을 하는 것은 패배자들이라는 것을 기억하라. 반면에 승자는 과거로부터 배움을 얻고 앞으로 나아감으로써 해결책을 찾는다. 다음은 사람들이 성공 가능성을 위해 위험을 감수하기보다 안전한 영역에 머무는 쪽을 선택하는 대표적인 상황 두 가지다.

첫 번째, 사람들은 현재의 직장에서 불행하지만 다른 일자리를 찾지 못할지도 모른다는 두려움 때문에 그냥 다닌다. 자신에게 더 잘 맞을 수 있는 직장을 찾지 못하고 실패할 위험을 감수하고 싶지 않기 때문이다.

두 번째, 사람들은 지금의 관계를 개선할 방법을 모색하기보다 건강하지 못한 관계를 유지하고는 한다. 관계의 개선은 상대의 습관을 바꾸는 것이 아니라 상대의 습관에 대한 자신의 반응이 바꾸는 데서 시작된다.

♦ **실패로 여겨졌던 상황을 기회로 바꾸기 위한 5단계**

1. 다르게 할 수 있었던 점들을 분석한다.
2. 접근 방식을 어떻게 수정할 수 있을지 생각해본다.

3. 다른 사람들, 특히 유사한 목표를 달성한 사람들의 충고를 받아들인다. 당신이 무엇을 다르게 할 수 있었다고 보는지에 대한 그들의 견해를 듣는다.

4. '하늘에 맹세코 하고야 말겠다'는 스칼렛 오하라와 같은 자세를 갖는다. 실패한 후에는 목표를 달성하겠다는 신념을 더욱 굳건히 한다. 그런 다음 툭툭 털고 일어나 다시, 또다시 시도한다.

5. 딱 한 번만 제대로 하면 성공한다는 사실을 기억하라!

이 책에 등장하는 자수성가한 백만장자 중 한 명인 앤디 히달고는 이렇게 이야기한다. "시도했다가 실패한다면 배우는 것이라도 있지만, 시도조차 하지 않는다면 자신이 어디까지 성공할 수 있는지 결코 알 수 없을 것입니다. 실패로 인해 야망이 꺾이지 않도록 하세요. 긍정적인 자세를 유지하고 항상 기회를 엿보며, 수완을 발휘하세요."

한국에도 그런 사람이 있다. '권프로'라는 닉네임의 권정훈 씨는 월급 210만 원을 받던 평범한 직장인이었다. 더 나은 수익을 꿈꾸며 대출로 장사를 시작했지만, 수입은 50만 원까지 줄었고 현실은 녹록지 않았다. 그러나 그는 좌절 대신 배움을 선택했다. 책을 읽고 강의를 들으며 전략을 다듬은 끝에 월 700만 원의 수익을 올렸고, 자신의 경험을 콘텐츠로 만들어 퍼뜨리기 시작했다.

오프라인 장사의 한계를 절감한 그는 온라인으로 눈을 돌렸고, 실행력 있는 콘텐츠는 자영업자들 사이에서 빠르게 입소문을 탔다. 이후 세 권의 책을 출간하고 브랜딩 컨설팅사와 자영업 교육 플랫폼을 설립했다. 2025년 현재 유튜브 구독자 22만 명, 누적 조회수 4천만 회를 기록하며 여전히 배우고 나누는 삶을 살고 있다. 그의 이야기는 말한다. 실패는 끝이 아니라, 다시 시작하는 법을 배우는 과정이라는 것을.

알고리즘 트리거: '실패 일지'를 만들어 그 안에 실패 이유와 개선 방향을 정리한다.

분유 살 돈도 없던 엄마가
선택한 기적

자신의 잠재력을 최대한 발휘할 준비가 됐는가? 지금쯤이면 당신이 52가지 성공 법칙을 실행에 옮길 각오가 됐기를 바란다. 당신이 나와 함께 이 여정에 합류할 것을 생각하니 너무나 설렌다!

먼저 '도전'이란 단어의 정의부터 생각해보자.

캠브리지 사전에 도전은 '정신력이나 체력이 크게 요구되는 일을 성취하려는 시도'라고 정의되어 있다. 당신이 살아오면서 극복해야 할 도전 과제들이 결코 적지 않았을 것이다. 도전해본 경험이 있다면 이번 9번째 성공 법칙을 습득할 준비가 더 잘 되어 있다는 뜻이니 희소식이라고 할 수 있다.

이 책을 위해 인터뷰했던 사람들은 백만장자로 자수성가하기 위해 각자 직면한 도전 과제들을 성공적으로 극복해왔다. 몇 사람의 이야기를 살펴보자.

앨런 샌포드는 뉴욕 필하모닉의 바이올리니스트 선발 오디션에 떨어지면서, 패배로 해석될 수도 있는 상황에 부딪혔다. 그러나 그는 2년 동안 교향곡 연주 실력을 향상하기 위해 스스로 도전에 나섰고 세계적으로 유명한 뉴욕 필하모닉의 오디션을 다시 보았다. 그리고 마침내 바이올리니스트로 선발되면서 스스로 도전에 나설 때 보상이 따른다는 것을 알게 됐다.

사리안 부마는 푸드 스탬프가 부족해 갓난아기에게 분유를 사줄 수 없었던 인생 최악의 시기에, 스스로 도전에 나섰다. 그녀는 포기하는 대신 더 나은 삶을 살 방법을 찾아내는 도전 과제를 스스로에게 부여했고 성공했다. 사리안은 시장성 있는 직업 기술을 배워 일자리를 찾았으며, 나중에는 본인의 사업을 시작했다. 그리고 200명이 넘는 직원들에게 자기 삶을 통제할 수 있도록 도전하는 방법을 가르쳤다.

그리고 닉 코바체비치Nick Kovacevich도 있다. 이 사업가는 마치 태어났을 때부터 스스로 도전해온 것처럼 보였다. 닉은 사우스웨스트 침례 신학대학 농구팀 주장으로서 팀을 전국 상위권에 올려놓았을 뿐만 아니라 성적 우등상을 받으며 졸업했고, 27살에 백만장자로 자수성가했다. 그는 합법적인 대마초 산업이라는 신흥 시장을 개척하며 자신이 만든 기회를 기반으로 하여 계속 목표를 상향 조정해왔다고 말했다. 그가 자신의 회사 쿠시 보틀스Kush Bottles의 목표를 설정해가는 방식은 현재 그가 어떤 식으로 스스로 도전 과제를 부여하는지를 완벽히 보여준다. 그는 연간 매출 1억 달러, 연간 수익 1,000만 달러, 1주 가격 10달러, 직원 수 100명 순으로 목표를 설정해왔다. 그는 그렇게 스스로 도전 과제를 부여하고 있다.

한국에도 '미친 실행력'이라는 키워드로 주목받는 자수성가의 사례가 있다. 바로 대학생 자기계발 크리에이터이자 사업가인 조예원이다. 많은 사람들이 인생의 갈림길에서 멈춰 설 때, 그녀는 "호기심 하나로 시작해라, 완벽은 도중에 따라올 것이다"라는 생각으로 먼저 움직이는 길을 택했다. 그 도전들은 그녀의 삶을 점점 더 높은 곳으로 이끌었고, 1년 만에 5만 팔로워를 모으며 브랜드 협업과 상상 이상의 수익을 이뤄냈다. 조예원은 말한다. 인생을 바꾸는 건 더 똑똑한 계획이 아니라 '일단 해보는 용기'라고. 그리고 이 모든 과정에서 가장 중요한 건 '긍정적인 마인드셋'이었다. "안 되면 어떡해?"보다는 "안 되면 뭐 어때. 혹시 될 수도 있잖아?"라는 믿음으로 움직이면, 인생은 생각대로가 아니라 믿고 행동한 대로 바뀐다는 것을 보여준다.

백만장자로 자수성가하기까지 네 사람이 어떻게 도전해왔는지 보았으니 이제 당신의 이야기를 해보자.

강한 정신력과 체력을 요구했던 도전이 언제였는지 떠올려보라. 아마 주간 운동 처방을 열심히 따랐을 때였을 것이다. 승진할때가 됐다는 생각에 당신이 진급 적임자라고 상사를 설득하러 나섰던 때였을 수도 있다. 아니면 충분한 사전 예고 없이 프로젝트가 배정되고 단시간에 완수해야만 하는 어려움을 겪었던 때였을까? 사업을 시작하고서 현금 유동성 관리라는 어려운 숙제가 주어졌을 때였을까?

과거의 크고 작은 도전 과제들에 성공적으로 대처해봤던 경험은 앞으로 계속 직면하게 될 도전 과제에 대처할 수 있는 준비를할 수 있게 해준다. 당신이 성공적으로 감당해낸 도전 하나하나가 앞으로의 도전에 맞설 자신감을 제공한다. 백만장자로 자수성가할 준비를 하는 동안 계속해서 기대치를 높게 설정하며 도전하라. 그래야 더 많은 것을 달성할 수 있을 뿐 아니라 곧 닥쳐올 도전 상황에도 기꺼이 맞서게 될 것이다.

♦ 도전을 준비하는 세 가지 방법

1. 과거에 해결했던 가장 중대한 도전 과제를 써본다. 그것을 감당하기 위해 어떻게 했는지도 함께 기술한다.

2. 인생의 새로운 도전 과제에 직면하게 될 때, 과거의 도전 과제들에 어떻게 대처했는지 돌이켜 생각해본다. 과거의 성공 경험이 미래의 장애물에 대처할 자신감을 줄 것이다.

3. 현재 인생의 도전 과제에 맞서고 있지 않다면 충만한 삶을 살고 있지 않은 건지도 모른다. 스스로 부여한 도전 과제가 비현실적이어서도 안 되지만, 새로운 배움의 기회와 사고방식을 제공할 수 있을 만큼은 충분히 중대한 도전이어야 한다.

알고리즘 트리거: 가장 관심이 없던 분야의 책을 읽어보거나, 태어나서 해보지 않은 운동을 배워보거나 평소에 먹지 않던 음식을 먹어보거나, 연락한지 오래된 지인에게 짧은 메시지를 보내본다.

부자가 된 사람들은
한 가지를 '참았다'

오늘을 위해 사는 사람들에 비해 자수성가한 백만장자들은 소비 습관, 욕구와 필요를 충족시키는 방식, 그리고 미래의 욕구와 필요에 대비한 일상생활 방식 등 기본적인 속성에서 큰 차이를 보인다.

즉각적인 만족을 추구하는 사람들은 흔히 정서적 욕구를 토대로 구매 결정을 내린다. 반면, 즉각적인 만족을 미룰 줄 아는 사람들은 긴 안목으로 필요에 의한 구매 결정을 한다. 그들은 장기 목표를 더 빨리 달성하기 위해 정서적 욕구의 충족을 미룬다.

안타깝게도 대부분의 사람은 이런 기술을 배우지 못했다. 이 성공 법칙을 들어본 사람조차도 당장의 욕구에 집중하느라 단기적인 욕구를 미루는 것이 중요하다는 이야기에 귀를 기울이지 않았을 것이다. 당신은 어디에 해당하는지 생각해보라.

당신이 단기적인 관점에서 생각하는 사람이라면 필요가 아닌 욕구를 충족시키기 위해 실소득의 많은 부분을 소비할 것이다. 당신은 소득의 90퍼센트 이상을 다음 용도로 지출하고 있을 것이다.

- 늘 원했던 자동차의 할부금
- 항상 살고 싶어 했던 아파트의 임차료
- 일주일에 여러 번의 외식과 배달 음식
- 공공 체육 시설이 아닌 고급 헬스장에서의 운동
- 스트레스 해소를 위한 분기별 휴가
- 기분 전환을 위한 온라인 의류 쇼핑

좋지 않은가? 적어도 단기적으로는 분명히 좋을 것이다.

반대로 당신이 긴 안목으로 즉각적인 만족을 미루는 사람이라면 다음과 같이 행동할 것이다.

- 새 스포츠카가 탐났지만 할아버지가 10년 동안 타고 넘겨준 차를 기꺼이 받았다.

- 졸업 후 독립하고 싶었지만 생애 최초 주택이나 아파트 구입을 위한 계약금을 저축하기 위해 부모님 집으로 다시 들어갔다.
- 도심의 신축 아파트에 살았다면 월세로 냈을 돈의 75퍼센트를 절약하기 위해서, 세 명과 아파트를 같이 쓰기로 했다.
- 충동적으로 친구가 계획한 여행에 동행하는 대신 일 년에 한 번 휴가 계획을 세운다.
- 일주일에 몇 번은 도시락을 싸 가고 이틀 정도는 직장 동료들과 함께 나가서 식사하며 친목을 유지한다.
- 자주 외식을 하거나 배달 음식을 주문하는 대신에 집에서 저녁 식사를 만들어 먹는 횟수를 늘린다.
- 새 옷을 입고 싶은 기분이 들 때 쇼핑을 하는 대신에 옷장을 뒤져 이미 갖고 있는 옷으로 새로운 매치를 해본다.

당신이 첫 번째 유형의 사람이라면, 단지 현재를 위해 사는 사람이다. 그러나 두 번째 행동 유형에 해당하는 사람이라면 장기적 이득을 위해 단기적 만족을 미룰 줄 아는 사람이다. 그렇다면 당신은 인생과 재무 둘 다를 통제하고 있는 것이다!

사실 당신은 가장 중요한 성공 법칙 중 하나인 단기 만족 지연 능력을 갖추고 있는 사람이다! 알고 그랬든 모르고 그랬든 백만장자로 자수성가할 기반을 갖췄다.

나는 3년 전 '이익 창출 훈련' 프로그램을 진행하는 동안 지금을 위해 사느냐 또는 미래를 건설해 가느냐가 삶에 어떤 영향을 미치는지를 가르칠 필요가 있다는 것을 분명하게 느꼈다. 그 프로그램의 대상자는 상사들로부터 차세대 리더로 주목받아 연수 대상자로 선정된 신입사원들이었다.

하지만 연수를 시작한 지 30분 만에, 직장 생활을 막 시작한 이들이 미끄러운 승진 사다리를 올라가기 위해서는 전문성 훈련 이상의 것이 필요하다는 생각이 들었다. 그들 자신의 개인적 성공을 위한 중요한 조언 몇 가지도 필요했다.

좀 더 구체적으로 상황을 설명하자면 다음과 같다.

나는 참가자들에게 정규직으로 일하기 시작한 뒤로 달성한 개인적인 목표가 있는지 물었다. 한 직원은 새 차를 샀다고 했다. 또 다른 신입 사원은 늘 꿈꿨던 지역에 살고 있다고 대답했다.

그런데 참가자들 중 가장 조용하고 샌님처럼 보였던 직원이 세 번째로 손을 들고 "저는 월급에서 매달 1,000달러씩 반드시 저축합니다."라고 말했다. 그 자리에 있던 동료 직원과 동일한 급여로 어떻게 그럴 수 있느냐는 내 질문에 그는 이렇게 대답했다.

"제 목표는 백만장자가 되는 것입니다. 그러려면 미래를 위해 당장의 욕구를 참아야 한다는 글을 읽은 적이 있습니다. 그래서 그러고 싶지 않을 때도 자주 있지만, 일주일에 하루만 친구들과 점심을 먹고 나머지 나흘은 샌드위치를 싸옵니다. 커피도 사마시지 않고 집에서 만들어 가져옵니다. 여가 시간에는 유기견 보호소에서 자원봉사 활동을 하죠. 출근용 정장도 한 벌뿐이고 필요한 물건은 기억해두었다가 생일이나 명절 선물로 부탁합니다."

얼마나 인상적이던지! 그는 백만장자로 자수성가하는 길을 가고 있는 듯했다.

그는 분명한 비전을 가진 사람이었다. 백만장자가 되겠다는 목적이 있었다. 그는 한 달에 1,000달러(오타가 아니라 정말 한 달에 1,000달러!)를 저축하겠다는 목표를 써놓고 실행에 옮기고 있었다.

당장의 필요를 제쳐두고 장기 목표에 집중하고 있는 그는, 출근길에 커피숍에 들러 한 잔에 5달러나 하는 커피를 사는 대신 도시락을 싸고 커피도 집에서 준비해왔다.

또한 그가 인지했든 못 했든 유기견 보호소에서 자원봉사를 하는 행동은 백만장자의 또 다른 특성인 선행 나누기와 맞닿아 있었다.

그의 상사를 포함해 그 자리에 있던 사람들 모두가 그의 말에 경외심을 느꼈다. 나도 마찬가지였다! 사실 그의 발언은 내가 이 책을 쓰게 된 결정적인 계기가 되었다.

나는 미래의 기업가가 될 밀레니얼 세대에게 직업적 성공 훈련뿐만 아니라 개인적 성공을 이루는 법칙도 알려줘야겠다는 생각이 들었다. 즉, 개인적인 삶에서도 원하는 무엇이든 가질 수 있도록, 대다수가 모르는 자수성가한 백만장자들의 성공 법칙을 가르쳐줘야만 한다고 생각했다.

단기적인 만족감은 즉각적인 정서적 욕구를 채워준다. 하지만 즉각적인 욕구 충족을 위한 결정이 장기적으로 어떤 결과를 가져올지 한 걸음 물러서서 본다면 그 결정을 재고하게 될 것이다.

즉각적인 욕구 만족과 근시안적 사고에 굴복하지 말라. 대신 자신의 장기적 목표를 위해 노력하는 습관을 들이도록 하라.

자수성가한 백만장자들은 장기적 안목으로 사고한다. 그들은 긴 안목으로 생각하고, 자신이 무엇을 달성하고 싶은지를 명확하게 정한다.

◆ 단기적 만족을 지연시키는 세 가지 방법

1. 자신의 현재 소비 습관을 평가해본다. 가장 최근에 구매한 물건 세 가지를 적는다. 그것들은 순간의 만족을 위한 소비였는가, 아니면 구체적인 필요에 의한 소비였는가?

2. 순간적인 만족을 위해 했던 최근 세 건의 구매가 당신의 현재 삶에 어떤 가치를 지니는지 생각해본다. 그것들이 당신의 삶에 가치를 더해주었는가, 또는 과중한 업무 스트레스를 잠시 해소해주는 단기적인 치유 방법이었는가?

3. 앞으로는 단기적인 만족을 지연시키기 위해 노력하라. 충분히 생각한 다음에 물건을 구입하라. 그 소비가 당신의 장기적인 목표 달성에 한 걸음 다가가게 해줄지 자문해보라.

알고리즘 트리거: 무언가를 사기 전, '이 소비가 내 3년 뒤 목표에 도움이 될까?'라고 스스로에게 질문해본다.

WHAT SELF-MADE
MILLIONAIRES
DO THAT
MOST PEOPLE DON'T

2장

시간을
다루는 자가
돈을 다룬다

시간을 다스리는 사람들의
6가지 무기

성공한 사람들은 시간을 소중히 여긴다. 부의 공식을 깨달은 사람들은 아침에 잠자리에서 일어나기 전에 그날 무엇을 달성하고 싶은지를 명확하게 정한다.

이 책을 위해 인터뷰했던 30명의 백만장자 중에는 동이 트기도 전에 많은 일을 해치우는 '아침형 인간'도 있었고, 한밤중부터 꼭두새벽까지가 가장 생산적인 시간인 '올빼미형 인간'도 있었다. 그리고 둘 다인 사람들도 있었다!

몇 사람의 이야기를 들어보자.

"나는 하루를 일찍 시작해야 한다고 믿는 사람이어서 보통 오전 8

시까지 사람들이 온종일 처리하는 분량 이상의 일을 해치웁니다."
— 코니 로렌츠

"나는 일찍 일어나 운동을 하고 건강식으로 아침 식사를 한 다음에 점심시간 전까지 5시간 동안 일을 끝냅니다." — 마이크 베터

"1분 1초도 낭비하지 않으며, 불필요한 행동은 하지 않습니다. 나는 일찍 시작해서 늦게까지 일하죠." — 드루 리스

"누구보다 일찍 일어나고 누구보다 늦게 잠들어요." — 버니 라잇지

"하루 30시간 일할 각오를 합니다. 24시간으로는 부족하니까요."
— 사리안 부마

♦ 시간을 지배하기 위한 여섯 가지 전략

1. 일을 계획한 다음 그 계획대로 실행하라. 매일 저녁 앞으로 24시간 동안 달성할 계획에 대한 로드맵을 만들라. 그러면 마음이 여유로워질 것이다.

2. 일과 놀이의 균형이 맞도록 계획 목록을 작성하라. 목록 작성 후에는 각 활동의 목적을 평가하여 '완수할 필요가 있는 일'과 '완수하고 싶은 일'로 나누어 분류하라. 예를 들어 다음과 같은 목록을 작성할 수 있을 것이다.

   - 새로운 거래처를 모색할 필요가 있다.

- 기존 거래를 유지할 필요가 있다.

- 가족과 저녁 시간을 함께 보내고 싶다.

- 운동하고 싶다.

- 생각할 시간을 마련하고 싶다.

3. 해야 할 일이 생각나면 그 일을 할 시간을 미리 계획하라. 우선순위를 두어야 할 일이 마지막 순간에 떠올랐다면, '완수하고 싶은 일'과 '완수할 필요있는 일'의 순위를 재조정한다.

4. 머릿속 공간을 비워 두어라. 해야 할 일이 떠올랐다면 머릿속에 담아두는 대신에 바로 적어둔다.

5. 메일은 한 번 이하로 열어보라. 시간의 주인은 자동이체를 신청함으로써 메일을 한 번만 열거나 열 필요가 없게 만든다. 고지서를 우편으로 받을 때도 나중에 내겠다는 생각으로 미루지 말고 곧바로 열어보고 납부한다.

6. 자신의 시간을 돈으로 환산해보라. 그 주에 우선적으로 처리할 일들을 검토하고 그 일들에 현금 가치를 부여해본다. 가족과 보내는 시간, 운동하는 시간, 생각하는 시간은 값으로 따질 수 없음을 알아야 한다!

알고리즘 트리거: 하루에 집중 시간 2시간을 정해두고 SNS와 유튜브는 차단 앱을 설정하며 그 시간엔 가장 중요한 일 한 가지만 처리한다.

부의 궤도를 깨달은 부자들은
이렇게 하루를 설계한다

많은 사람들은 즉흥적으로 살아간다. 하루, 한 주, 한 달, 일 년의 계획을 세우기보다 그날그날 일어나는 상황에 대응할 뿐이다.

반면에 성공한 사람들은 자기 시간을 능동적으로 통제한다. 근무 시간뿐 아니라 개인 생활을 위한 시간까지도 계획한다. 구매 계획을 세울 때처럼 세세한 부분까지 주의를 기울여 시간 계획을 세운다.

이 책에 제시된 52가지 성공 법칙 중 많은 항목에서 보게 되겠지만, '계획'은 자수성가한 백만장자들의 성공에 필수 요건이었다. 그들은 시간 계획을 세우고, 구매 계획을 미리 마련하고, 재무 설계 로드맵을 작성한다. 그들은 계획의 달인이다. 통제 강박증처럼 보일 수도 있겠지만 나는 그들이야말로 진정한 자기 운명의 주인이라고 본다.

미리 계획하는 사람들은 더 체계적이다. 그들은 예기치 못한 상황에 더 유연하게 대처할 수 있다. 그들의 삶은 이미 대부분 계획되어 있기 때문이다.

11번째 성공 법칙(시간을 다스리는 사람들의 6가지 무기)에서 알려주었듯이 시간을 잘 다루는 사람들은 재무 상태도 잘 관리한다. 미리 계획을 세우는 덕택이다.

당신은 사전 계획을 얼마나 잘하고 있는가? 우선, 지난 24시간 동안 한 일들을 써보라. 이제 그 항목 옆에 계획했던 부분과 즉흥적이었던 부분이 각각 몇 퍼센트였는지 적어본다. 또, 다른 사람의 요청에 따른 행동과 내가 계획한 행동의 비중이 얼마나 되는가? 다른 사람의 요청에 의한 즉흥적인 행동이 30퍼센트 이상이었다면 앞으로 좀 더 미리 계획을 세울 필요가 있다는 생각이 들 것이다.

이제 내일을 어떻게 보내고 싶은지 계획해보자. 개인적인 목표나 직업상 달성하고자 하는 일을 한 시간 단위로 열거하라. 휴식 시간도 반드시 넣어야 한다. 융통성 있게 쓸 수 있는 시간도 20퍼센트 남겨둔다.

많은 사람이 새해를 앞두고서야 계획을 세우고는 하지만, 그

때까지 기다릴 이유가 뭐가 있는가? 오늘부터 계획하기를 평생의 습관으로 삼아라.

◆ 미리 계획을 수립하기 위한 네 가지 전략

1. 개인 생활과 업무 관련된 계획을 한 달 전에 미리 세운다. 그렇게 체계적인 계획을 세우면 얼마나 자유로워질 수 있는지 놀라게 될 것이다. 시간을 융통성 있게 쓰거나, 다른 사람의 요청을 수용할 수 있도록 일정의 20퍼센트는 비워둔다.
2. 오늘 수립한 계획이 내일을 창조한다는 사실을 기억하라.
3. 계획하기를 지속한다. 계획에 따라 실천했을 때 얼마나 더 많은 것을 달성할 수 있는지 스스로 놀라게 될 것이다.
4. '조용히 있을 시간'을 일정에 넣는다.

알고리즘 트리거: 매주 일요일 저녁, 다이어리나 캘린더 앱에 한 주간 목표 3가지를 정해 기록하고, 완료 여부를 체크해 나간다.

부자들은 혼자 일하지 않는다
: 팀을 만드는 법

이 책을 위해 인터뷰한 자수성가형 백만장자들의 80퍼센트는 자기 사업을 시작했다. 그리고 성공을 거둘 수 있었던 가장 중요한 법칙으로 팀에 적합한 정서 지능과 전문 기술을 지닌 사람들을 찾아낸 것을 언급한다. 또한 좋은 팀을 구성하는 것만큼이나 팀을 계속 유지하는 것이 중요하다고 했다.

자수성가형 백만장자인 브라이언 웡Brian Wong은 팀 구성의 귀재이다. 그는 실무는 팀원들에게 맡기고 자신은 사업을 지휘하는 데 집중한다. 그래서 모바일 광고 회사 키프Kiip를 성장시키는 데 에너지를 쏟아부을 수 있었다. 브라이언이 21세에 자수성가한 백만장자가 되었다는 사실을 고려하면 팀원 구성 기술은 효과적인 기술임이 틀림없다.

48번째 성공 법칙에서 다시 만나게 될 제이슨 필립스Jason Phillips는 필립스 홈 임프루브먼트Phillips Home Improvements에서 직원들을 리더로 성장시킴으로써 회사에 남게 만들었다. 제이슨은 좋을 때나 나쁠 때나 함께 해줄 팀이 필요하다고 강조한다. 그는 DISC 행동유형 검사 등을 활용하여 팀에 적합한 사람을 적재적소에 배치하라고 권한다. 모든 사람이 다르게 태어난다는 사실을 인식하고, 다양한 기술과 성격, 행동 선호도로 구성된 팀을 효과적으로 이끌어야 한다.

또한 제이슨은 팀원들에게 업무 수행 방식을 명확히 이해시키기 위해 '시스템의 문서화'가 필수라는 사실도 깨달았다. 그는 이해하고, 가르치고, 복제하기 쉬운 시스템을 갖출 것을 권장한다. 좋은 시스템이 있을 때 사람들은 더 높은 성과를 내기 때문이다.

브라이언과 제이슨은 직원들의 효율성을 높이는 훈련 외에도 효과적인 직원 관리와 동기 부여도 반드시 병행되어야 한다고 강조했다. 그 두 가지가 효율적인 팀 구성을 위한 필수 요소라고 보았기 때문이다. 훌륭한 경영자들이 그러하듯이 두 사람은 직원들이 쉽게 다가올 수 있게 함으로써 항상 명확하게 의사소통이 이루어지도록 한다. 또한 그들은 행동 수정의 가치를 잘 알고 있으므로 고객 불만 사항을 적절히 처리하는 직원을 보았거나 적시에 기대 이상의 일을 해낸 직원이 있을 때면 즉시 인정해준다.

자수성가한 백만장자들은 문서화된 시스템뿐 아니라, 자신의 행동을 통해 팀원들에게 기대치를 명확히 보여준다. 그리고 몸소 보여준 대로 팀원들이 하기를 독려함으로써 뛰어난 팀을 만든다.

또한 그들은 팀원들이 자신이 대우받은 만큼 고객과 의뢰인을 대우한다고 확신한다. 그들이 먼저 시간을 내어 팀원들의 이야기를 들어줄 때 팀원들도 고객과 의뢰인의 이야기에 귀를 기울일 수 있으며, 그럴 때 비로소 효율적인 팀이 만들어진다는 것을 알고 있었던 것이다.

◆ 훌륭한 팀을 만들기 위한 네 가지 방법

1. '부분의 합이 전체보다 크다'는 것을 인식한다. 각 팀원의 능력이 곧 조직의 성장으로 이어진다.

2. 소통의 통로를 항상 열어둔다. 언제든 당신을 찾아와도 좋다는 것을 처음부터 팀원들에게 알린다. 개선할 점이 있을 때는 '가르침을 줄 수 있는 순간'이 되도록 요령껏 대화를 나눈다.

3. 팀원들이 업무를 올바로 수행했을 때는 바로바로 인정해준다. 인정받을 때 팀원들은 즐겁게 당신과 함께 일할 것이다. 칭찬 한마디는 오랫동안 효과를 발휘한다.

4. 사업 개발과 일상 업무 담당자의 역할을 구분한다. 사업 개

발자에게는 업무 시간의 대부분을 일반 업무보다 사업 구상에 할애해야만 한다고 상기시켜준다. 사업 유지에 필요한 업무는 일상 업무를 담당하는 팀원들에게 위임해야 한다.

알고리즘 트리거: 업무나 프로젝트에서 도움이 될 수 있는 사람 다섯 명을 리스트업한 후, 먼저 다가가고, 작은 규모의 협업 제안을 시도해본다.

성공한 리더들은
이렇게 일을 맡긴다

당신은 사소한 일까지 챙기는 마이크로매니저micromanager인가, 아니면 업무 권한을 위임하는 유형인가? 성공한 사람들은 권한 위임을 통해 스스로를 위한 시간을 만들 수 있다는 것을 안다. 권한을 위임하는 것은 사업을 키워나갈 시간을 확보해줄 뿐만 아니라, 책임을 맡은 팀원이 발전할 수 있게 해준다.

나는 자타가 공인하는 마이크로매니저였다. 그런데 어느 날 아메리칸 익스프레스 은행의 프라이빗 뱅커들을 교육하기 위해 지구 반대편으로 날아가야만 했다. 정말 정신없는 나날들이었다! 시차도 컸고 온종일 교육을 진행하느라 비서와도 거의 연락하지 못 했다. 다행히 10년간 나와 일했던 그녀는 업무를 속속들이 알고 있었다.

3주 후에 귀국해서 출근했을 때 그녀로부터 업무 보고를 받았다. 그녀는 세 가지 사업을 마무리 지었다고 자랑스럽게 말했다. 내가 놀라며 "어떻게?"라고 묻자 그녀는 "사장님이 간섭하지 않았으니까요!"라고 대답했다.

나는 그녀가 매우 자랑스러우면서도 그 동안 그녀의 능력을 과소평가하고 단순한 행정 업무만 맡겼던 것이 무안해졌다. 나는 곧바로 마이크로매니저 노릇을 그만뒀다. 그리고 그날부터 유능한 내 비서에게 잠재 고객들을 추적하고, 그들로부터 일을 따내기 위한 전략을 구상할 책임을 부여했다. 그렇게 나는 자연스럽게 권한 위임을 하도록 배웠다. 당신도 그럴 수 있다!

권한 위임은 많은 리더의 지속적인 도전 과제다. 엘리 브로드Eli Broad도 같은 의견을 갖고 있다. 《포춘》이 선정한 500대 기업을 두 개나 설립한 이 미국 여성은 "권한을 위임하지 못하는 것은 모든 직급의 관리자가 갖고 있는 가장 큰 문제라고 봅니다"라고 말했다.

이 책을 위해 인터뷰했던 자수성가형 백만장자인 로라 코즐로프스키Laura Kozlowski는 미국 최대의 주택 담보 대출 회사 중 하나에서 가장 실적이 좋은 직원이었다. 그녀는 유능한 비서 두 명에게 권한을 위임하는 법을 배웠다. 그녀 역시 처음에는 그 기술을 알지 못했다. 하지만 그녀도 일주일 내내 일로 인생을 소진하고 있다는 사실을 깨닫고 나서야 권한 위임의 기술을 배웠다. 그전에는 그녀도 불균형한 삶을 살았다고 한다.

어느 날 아침 로라는 혼자 힘으로는 역부족임을 깨달았다고 한다. 대출 건수는 계속 늘어났고 수첩은 대출 상담 약속으로 넘쳐났다. 어떻게 해야 기존 고객과의 관계를 유지하는 동시에, 자신이 얻기 위해 그토록 애썼던 영업 기회를 붙잡을 수 있을지 알 수 없었다.

그녀는 이런 딜레마를 계기로 권한 위임의 효과를 체득할 수 있었다. 그녀는 세부 사항에 대한 통제력을 포기하고 싶지는 않았지만, 다음 소득 수준에 도달하려면(특히나 그녀의 수입은 전적으로 수수료로 구성되므로) 영업 계획을 새로 수립해야 한다는 생각이 들었다.

그녀는 첫 단계로 직속 직원들을 믿고 업무를 위임하기 시작했다. 직원들이 대출 처리 같은 비영업 업무를 맡아주면서 그녀는 핵심 업무에 더 집중할 수 있었다. 로라는 권한 위임의 기술이 팀에 힘을 실어주었을 뿐만 아니라 그녀가 법원 업무나 계약 성사를 위해 최전선에서 뛸 시간을 만들어준다는 것을 알게 됐다. 또한 모든 생활 영역에서 에너지와 열정을 갖도록 해줬다.

로라는 직원들을 인정해주는 것도 잊지 않았다. 그들이 업무

량을 소화해준 점을 칭찬했을 뿐 아니라 금전적인 인센티브도 제공했다. 그녀의 성공은 직원들의 성공이 됐다. 권한 위임의 효과로 모두가 이득을 보았다. 덕분에 로라는 40대 중반에 처음으로 백만 달러를 벌 수 있었다.

◆ 권한 위임 기술 습득을 위한 조언 네 가지

1. 세 번 이상 했던 일은 전부 위임해야 한다는 점을 인식한다. 회의 준비 역시 위임하고, 회의 의제를 정할 권한도 팀원에게 넘긴다.

2. 프로젝트를 맡긴 팀원에게는 칭찬으로 보상한다. 따뜻한 말과 감사의 표시에 그들은 계속 책임을 맡고 싶어질 것이다.

3. 당신이 위임한 프로젝트에서 팀원이 실수한 부분을 보았을 때 당사자에게 실수를 인지시킨다. 어떤 조치를 취하든 위임했던 프로젝트를 도로 가져와 처리하는 일만은 피한다. 인간은 누구나 가끔 실수할 수 있다.

4. 권한 위임의 기술을 익힌 후에는 그로 인해 생긴 여유 시간을 현명하게 쓴다.

알고리즘 트리거: 지난 이틀 동안 당신이 처리한 모든 업무를 기록한다. (권한을 위임할 수 있는 사람이 있다는 가정하에) 그중 팀원에게 쉽게 위임할 수 있었을 일을 생각해본다.

백만장자들의 뇌 휴식법
: 뇌를 충전하라

당신은 일주일에 몇 시간이나 '생각할 시간'을 계획해두는가?
소란스러운 일상에서 물러나 정말로 생각할 수 있는 시간 말이다.

내가 생각할 시간을 '계획해두는' 사람을 처음 만난 건 1992
년이었다. 존 피어스John Pierce는 내 회계사의 추천으로 만났던
투자상담사였다. (그로부터 26년이 지난 후에 이 책에 실을 자수성가형
백만장자로 그를 인터뷰하게 될 줄은 그도 나도 몰랐다.) 투자 상담을 받
기 전에 나는 존에게 성공 원인으로 꼽을 수 있는 한 가지 습관
이 무엇인지 물었다. 그는 이렇게 대답했다. "아무것도 하지 않고
생각만 할 수 있는 방법을 찾은 거죠. 저는 주말이면 생각을 하게
만드는 곳으로 가서 쉽니다." 25년 이상이 지난 지금도 나는 그의

대답을 기억한다.

A형 행동 양식(잘 긴장하고 성급하며 경쟁적인 것이 특징 – 옮긴이)의 소유자로 미끄러운 성공의 사다리를 타고 올라온 사나이에게서 듣게 되리라고는 전혀 예상하지 못했던 대답이었던 까닭이다. 정말로 그는 바쁘게 돌아가는 일상에서 벗어나서 생각할 시간을 따로 가질까?

그날 저녁 퇴근길에 운전하면서 존의 말이 자꾸 생각났다. 생각할 시간을 정식으로 가진 적은 없지만 나도 그가 의미했던 순간을 몇 번 경험했다는 것을 깨달았다.

그런 경험을 했던 때는 주로 샤워를 하는 도중이었다. 나는 고민해왔던 문제의 해결책이 그 순간에 우연히 떠올랐다고 생각했지만, 결코 아니었다. 방해받지도 않고 서두르지도 않으며 조용한 환경에 혼자 있었기 때문이었다. 나도 모르는 사이에 몸과 마음을 정화하는 환경을 조성한 덕에 생각할 여유가 생겼던 것이었다.

생각할 시간을 내기에 너무 어리거나 너무 많은 나이란 없다. 빌 게이츠 시니어Bill Gates Sr.는 《게이츠가 게이츠에게》에서 9살짜리 빌 게이츠가 생각에 잠겼던 때의 일화를 들려준다. 빌 게이츠의 부모와 형제들은 먼저 차에 타서 그가 집에서 나오기만 기다렸다. 마침내 그가 나타났을 때 그의 어머니가 "빌, 어디 있었니?"라고 물었다. 그는 "생각 좀 하느라고요, 엄마. 다들 생각에 빠졌던 적 없었어요?"라고 대답했다.

생각할 시간을 갖는 것은 효과가 있음이 분명하다. 세계적인 갑부인 빌 게이츠에게도 효과가 있었으며, 현재 백만장자로 자수성가한 존 피어스에게도 효과가 있었다.

당신에게도 효과가 있을 수 있다. 그러므로 일상에서 생각할 시간을 계획해두도록 하라.

♦ 생각할 시간을 가질 때 생기는 세 가지 이점

1. 두뇌를 재충전시켜 그날의 난제들을 더 쉽게 처리하게 해줄 것이다.

2. 해결하려고 노력해온 상황에 대한 해법이 생각날 수도 있다.

3. 자신의 생각에 귀를 기울여보았기 때문에 다른 사람의 말도 더 잘 들어줄 수 있다.

알고리즘 트리거: 오늘 밤 잠들기 1시간 전 스마트폰을 치우고, 그 시간에 명상, 산책, 종이책 읽기 등으로 뇌를 쉬게 만든다.

당신이 대부분의 시간을 함께 보내는
네 사람이 미래의 당신 모습이다

우리 모두는 인생에 큰 영향을 미치는 선택을 하고는 한다. 대부분의 시간을 함께 보낼 사람들을 고르는 것도 그런 선택 가운데 하나다.

많은 사람들은 직장, 공통의 관심사, 가족관계를 바탕으로 사람을 사귄다. 그러나 성공할 사람들은 다른 기준으로 사람들을 만난다. 그들은 언제나 자신이 닮고 싶은 사람들과 가까이하려고 한다.

《부자 아빠 가난한 아빠》의 저자 로버트 기요사키Robert Kiyosaki는 "당신이 대부분의 시간을 함께 보내는 네 사람이 미래의 당신 모습이다."라고 했다. 그의 주장은 확실히 타당하다. 생각해보라.

당신은 결국, 당신이 속한 환경과 당신이 주로 어울리는 사람들의 산물이다. 그들의 행동과 신념, 사고방식은 당신의 포부뿐 아니라 개인적으로나 직업적으로 장차 당신이 어떤 사람이 될 것인지에 영향을 미친다.

자수성가한 백만장자들은 성공을 추구하는 과정에서 의식적으로 긍정적인 영향을 주는 사람들을 선택했다. 만날 수 있다면 멘토가 되어달라고 요청했고, 만날 수 없을 때는 기준을 낮추기보다 자신이 닮기를 열망하는 사람들, 즉 자신이 따라잡아야 할 신념과 자신감, 성공의 노하우를 가진 사람들에 관한 책을 읽었다.

이 책을 위해 인터뷰한 자수성가형 백만장자 브루스 쉰들러 Bruce Schindler는 그 효과를 보여주는 산증인이다. 그는 가난한 환경에서 성장했지만 어려서부터 중독, 학대, 푸드 스탬프 없이 행복하고 건강한 삶을 사는 사람들이 있다는 사실을 분명히 알고 있었다.

그는 친구들과 시간을 보내면서 다른 가정의 생활방식을 관찰했고, 그것이 그를 경제적, 정서적 빈곤에서 벗어나 앞으로 나아가도록 가르쳤다. 그러나 많은 사람이 그러하듯 브루스는 더 나은 삶을 살고 싶은 마음은 있었지만 어떻게 해야 그럴 수 있는지는 전혀 알지 못했다.

그런 그에게 영향을 미친 첫 번째 인물은 중학교 때 선생님이었다. 한 번은 선생님이 이런 충고를 해줬다. "친구도 선택할 수 있는 거니까 신중하게 선택하렴. 네가 존경하는 사람들을 가까이 해." 그 이후로 자신이 아는 것보다 나은 삶을 사는 사람들과 어울렸다. 그 결과 그들에게서 영감을 받아 인생의 방향을 설정할 수 있었다. 또한 그들의 삶과 가치관에 접하면서 자신이 원하는 삶을 명확히 할 수 있었다.

1993년 대학을 졸업한 후 브루스는 알래스카주 스캐그웨이로 이사했다. 매머드 상아에 조각하는 일에 열정을 느꼈기 때문이다 chasingmammoths.com. 그는 쉰들러 카빙스Schindler Carvings를 설립하고 35,000년 이상 땅속에 묻혀 있던 매머드 상아를 복원하고 조각하는 일을 하고 있다. 35살에 백만장자로 자수성가한 브루스는 이제 다른 사람들에게 영향을 주고 있다.

♦ **자신이 닮고 싶은 사람들을 가까이할 수 있는 네 가지 방법**

1. 자신의 성공 로드맵을 그린다. 즉, 성공을 위해 밟아야 할 단계들을 적는다.

2. 비슷한 목표를 달성한 사람들을 조사한다. 온라인 검색은 물론, 주변을 살펴본다. 생각보다 가까이에 그런 사람들이 있을 수도 있기 때문이다.

3. 그들을 직접 만나거나 그들의 삶에 관한 글을 읽으면서 그들

이 성공하기 위해 어떻게 했는지 기록한다. 그리고 성공을 위해 나아가는 과정에 그 기술들을 통합시킨다.

4. 47번째 성공 법칙인 선행 나누기를 실천한다. 순환 법칙에 따라 영향력 있는 인물이 당신의 삶에 나타날 것이다.

알고리즘 트리거: 닮고 싶은 인물 3명을 선정해 인터뷰 영상, 책, 강연을 찾아본다. 이후 SNS나 독서모임 참여 등을 통해 그들과 간접적인 접점을 만든다.

부자들은 알고, 가난한 사람은 모르는 '브레인 트러스트'

나는 30대에 나폴레온 힐Napoleon Hill의 《생각하라 그러면 부자가 되리라》를 읽었고 그 책에서 브레인트러스트brain trust advisor라는 흥미로운 용어를 접하게 됐다. 그 후 30여 년 동안 내 컨설팅 회사의 고문들을 고용할 때마다 그 단어가 가장 먼저 떠오르고는 했다.

이 책을 준비하면서 자수성가한 백만장자 30명을 인터뷰했을 때, 놀랍게도 많은 이들이 브레인트러스트란 용어를 언급했다. 그래서 나는 '브레인트러스트를 둔다'를 17번째 성공 법칙으로 선정했다.

이 용어가 처음에 어떻게 만들어졌는지 궁금할 것이다. 〈뉴욕

타임스〉기자인 제임스 키어런James Kieran이 프랭클린 루스벨트가 1932년 대선에서 선거운동을 위해 선정한 두뇌집단을 지칭하기 위해 만든 용어가 바로 '브레인트러스트'다.

브레인트러스트는 특정 목표 달성이나 어려운 상황의 해결을 위해 조언을 요청받는 사람들을 일컫는다. 프랭클린 루스벨트는 훌륭한 선택을 했던 것이 분명하다. 브레인트러스트의 조언 덕분에 미국 32대 대통령에 당선되었으니 말이다. 루스벨트 대통령은 1933년부터 1936년까지 뉴딜 정책을 수립할 때도 브레인트러스트의 도움을 받았다.

당신이 회사 직원이라면 멘토를 배정받았을 것이다. 만약 그렇지 않다면 당신보다 적어도 한 직급 위의 유능한 사람에게 멘토가 되어달라고 직접 부탁하라.

당신이 이미 작은 회사를 소유하고 있거나 회사를 세우려고 한다면 회사의 단기 및 장기 목표에 맞추어 한 명 이상의 브레인트러스트를 신중하게 선택하라. 완전히 다른 업계에 종사하는 사람이라도 비슷한 목표를 달성한 사람이라면 적합하다.

자수성가형 백만장자이며 사이드 풀러SidePuller의 발명가이자 인 더 디치 토잉In The Ditch Towing의 사장인 척 세카렐리Chuck Ceccarelli는 "조언과 상담을 받을 브레인트러스트 없이 성공한 회사나 사람은 하나도 없다"라고 말했다.

브레인트러스트에도 여러 종류가 있다. 일반적으로 활용되는 전문 브레인트러스트의 예를 들자면 회계사, 변호사, 연금 관리자, 이사가 있다. 과거의 직업 경험을 반영한 의견을 가볍게 물어볼 가족이나 친구 등은 개인적인 브레인트러스트라고 할 수 있다. 어떤 경우든 이들 브레인트러스트는 자신이 직접 효과를 본 방식을 바탕으로 객관적인 조언을 해준다. 백만장자로 자수성가할 사람들은 브레인트러스트의 조언을 수용하고 적절히 활용한다.

당신의 브레인트러스트는 변화하는 상황에 따라 교체될 수 있고, 일부는 그대로 남을 수도 있다. 다음 사례들을 읽어보라.

성공 법칙 3(좋아하는 일로 먹고사는 사람들의 3단계 전략)에서 소개했던 자수성가형 백만장자, 앨런 샌포드는 지금까지 13명 이상의 브레인트러스트를 두었다. 그가 뛰어난 바이올리니스트가 될 수 있도록 가르치고, 조언해준 스승들이 바로 그의 브레인트러스트였다. 16년 동안 그의 연주 실력이 발전함에 따라 그의 스승들도 바뀌었다.

성공 법칙 16(당신이 시간을 함께 보내는 사람 4명이 미래의 당신 모습이다)에 등장했던 브루스 쉰들러가 찾아낸 브레인트러스트는 중학교 시절의 선생님이었다. 30년이 지난 지금 그 선생님은 브루스가 신뢰하는 친구일 뿐 아니라 개인 고문단의 중요한 일원으로 남아 있다.

브레인트러스트 또는 멘토는 당신이 달성하고 싶은 목표에 따라 선택해야 한다. 따라서 브레인트러스트의 선택을 재검토하고, 변화하는 당신의 요구와 필요한 전문지식에 근거해 그들을 교체하거나 추가하는 것이 중요하다.

나 역시 브레인트러스트를 바꿔야 했던 상황이 있었다. 미국에서 컨설팅 사업을 시작한 지 5년이 지난 1992년 우리 회사는 타이완에 있는 두 사람으로부터 의뢰를 받았다. 그들은 우리 회사의 전문가 컨설팅을 타이완 사람들에게 그대로 제공할 수 있는 사업권을 원했다.

처음엔 내 레이더망에 포착되지 않았던 일이었지만 나는 이것이 사업을 확장할 수 있는 아주 좋은 기회라고 보았다. 기존의 내 브레인트러스트의 전문 지식은 국내 시장에 한정돼 있었으므로 나는 워싱턴 D.C.에 본부를 둔 국제 프랜차이즈 협회에 연락했다. 다행히 이 훌륭한 조직 덕분에 타이완과 미국에 기반을 둔 회사들과 사업을 해본 경험이 있는 브레인트러스트를 찾을 수 있었다.

사내기업가intrapreneur(사원 신분을 유지하며 회사로부터 자본금을 지원받아 독립 사업을 한 뒤 실적에 따라 급여 외의 인센티브를 받는 사람 - 옮긴이)든, 자신의 사업을 시작하고 확장할 준비가 된 사업가든 한 명 이상의 브레인트러스트를 찾는 것이 중요하다. 운 좋게도 당신이 멘토나 후원자를 제공하는 조직의 일원이라면 축하할 일이다. 당신의 목표를 명확히 하고, 멘토의 조언을 적극적으로 수용하며 목표를 달성하기 위해 노력하라.

♦ 브레인트러스트 선택을 위한 조언

1. 자신이 무엇을 달성하고 싶은지 먼저 이해해야 한다. 누구에게 브레인트러스트가 되어달라고 요청해야 할지 결정하는 데 도움이 될 것이다.

2. 당신이 선택한 브레인트러스트(들)에게 공식적인 편지나 이메일부터 보낸다. 당신 회사에 관한 정보를 제공하고 그가 브레인트러스트가 되어주기를 원하는 이유를 설명한다. 어느 정도의 시간을 요구하는 일인지도 밝힌다(예, 분기별 1회). 또한 브레인트러스트에게 편안한 장소에서 만날 것을 추천한다.

3. 상대가 동의하면 감사 인사를 보내면서 만날 날짜를 제안한다. 브레인트러스트와 만나기 한 달 전에 당신이 조언을 구할 상황에 대한 설명을 미리 전달한다.

4. 미팅 이후에는 그 만남에서 무엇을 얻었는지 자세히 보고하는 글을 보낸다. 또한 그의 조언을 어떻게 실행에 옮길 계획인지 알려준다. 다음 만남에서 브레인트러스트에게서 얻은 자문의 직접적인 결과로 어떤 효과를 얻었는지 공유한다.

알고리즘 트리거: 월 1회 '성장 대화'를 나눌 수 있는 스터디 또는 모임을 만들고, 서로의 목표를 나누며 피드백을 주고받는다. 그런 다음 그 목표를 달성하는 데 필요한 조언을 해줄 브레인트러스트로 누구를 선택할지 신중히 고민한다.

끊임없이 성장하는 사람들의
4가지 습관

아침에 당신을 잠자리에서 일어나게 만드는 원동력은 무엇인가? 요란하게 울리는 알람 시계인가? 당신을 기다리는 커피 한 잔인가? 당신이 아침 식사를 만들어주기를 기다리는 아이들인가? 당신이 좋아하는 직업이나 당신이 잡아둔 약속인가?

그게 무엇이든 당신을 매일 정신을 차리게 하고 움직이게 만드는 것이 바로 동기다. 동기는 행동을 인도하는 힘이다. 사전에서는 동기를 '특정 방식으로 행동하게 만드는 이유'라고 정의하고 있다.

나는 처음 컨설팅 사업을 시작하면서 사람들이 당근과 채찍, 둘 중 하나에 의해 동기 부여가 된다는 것을 알았다. 이런 형태의 행동 수정에 대해 잘 모르는 사람들을 위해 간단히 설명해보겠다.

당근 효과는 어떤 일을 완수한 후에 긍정적 보상이 주어질 것이라는 기대감으로 일을 시작하고 완수하는 것을 일컫는다. 예를 들어 당신이 시급을 받는 노동자라면 초과 근무를 할 때 더 많은 돈을 지불받을 것이다. 이 초과 근무 수당이 당신이 일을 더 하도록 동기를 부여해준다. 예를 하나 더 들자면 몇 개월 전에 미리 항공편을 예약하면 출발일 이틀 전에 예약하는 것보다 훨씬 저렴한 요금을 낼 수 있다. 이는 항공편을 일찍 예약하게 만드는 동기로 작용한다.

채찍 효과는 이와 정반대 성격을 갖는 동기 부여 방법이다. 두려움이 좋은 동기 부여 요인이 되는 사람도 있다. "패배는 나를 더욱 의욕에 넘치게 만든다."고 말한 세계적인 미국 테니스 선수 세레나 윌리엄스Serena Williams가 그런 경우다.

지속적으로 동기를 유발해줄 수 있다면 그것이 무엇인지는 중요하지 않다. 성공한 사람들의 공통점 중 하나는 자신이 하고 싶은 일에 대해서는 강한 추진력을 보인다는 것이다. 그리고 추진력을 자극하는 요소 중 하나는 바로, 구체적인 목표의 설정이다. 한정된 목표는 그들이 목표를 위해 노력하게 하는 동기로 작용한다. 성공한 사람들은 목표 달성을 위해 노력하는 동안 과업에 압도당하지 않고 계속 동기가 부여되도록 과업을 작은 단위로 쪼갠다. 그들 대부분은 포기할 생각이 드는 위험을 감수하기보다 그런 식으로 단계를 나누고 한 번에 한 단계씩 프로젝트를 끝낼 때 동기 부여가 쉽다는 것을 알았다.

성공하기를 열망하던 사람들이 의욕을 잃고, 시작했던 일을 끝내지 못하는 경우가 종종 있다. 그들이 대형 프로젝트를 작은 단위로 나누어 작은 성공을 먼저 거뒀다면 최종 결과는 달라지지는 않았을까?

당신은 어떤가? 어떻게 지속적으로 동기를 부여하는가? 대형 프로젝트에 착수할 때 작은 단위로 나누는가? 장애물을 만났을 때는 포기하고 싶은 유혹을 어떻게 피하는가? 언제나 시작한 일을 끝내는 사람들은, 결승선에 이를 때까지 스스로 동기를 부여할 방법을 찾아낸다.

예를 들어 설명해보자. 당신이 아직 이 책을 읽고 있는 걸로 미루어 볼 때 자수성가한 백만장자가 되는 것이 당신의 목표 중의 하나일 것이다. 그 목표를 달성할 확률을 높이고 지속적으로 동기 부여도 되고 싶다면, 52가지 성공 법칙을 한꺼번에 실행에 옮기려고 시도하는 대신 우선 정확히 어떤 최종 결과를 원하는지 적어보라. 그런 다음 각각의 성공 법칙을 습득하기 위해 얼마 동안 노력할지 기간을 구체적으로 정해보자.

52가지 성공 법칙 중 하나를 당신의 행동 방식의 일부로 만들었다는 확신이 들면 다음 성공 법칙으로 옮겨 가도록 동기 부여가 될 것이다. 천릿길도 한 걸음부터라는 속담도 있지 않은가.

◆ 지속적인 동기 부여를 위한 방법 네 가지

1. 달성하고 싶은 것이 무엇인지 생각하고, 그것을 목표로 정해 시작한다.

2. 계획한 목표를 적어두어 스스로 책임을 느끼도록 한다.

3. 목표를 세분화하고 세분한 각각의 목표의 달성 기한을 적어둔다.

4. 세분화한 목표를 하나씩 완수할 때마다 자신의 진전 상황을 인정해준다. 이는 나머지 목표들을 향해 계속 나아가도록 동기 부여를 해줄 것이다.

알고리즘 트리거: 당신의 인생에서 '당근과 채찍' 리스트를 만들어보라. 그 후, 꾸준히 자신을 실험해보며, 가장 효과적인 당근과 채찍을 찾아라.

매달 100만 원 추가 소득을 만드는 가장 현실적인 구조

일반 사람과 자수성가한 부자들의 차이 중 가장 눈에 띄는 점 중 하나는 소득의 개수다. 부자들은 소득을 단 한 곳에 의존하지 않는다. 활동 소득(직장, 프리랜서 등) 외에도 수동 소득(임대, 이자, 배당 등)을 최소 한두 개씩 만들어두는 경우가 많다.

이들은 특별히 운이 좋았던 게 아니다. '일하면서 소득원을 하나 더 만들 수는 없을까?'라는 질문을 끊임없이 던지고, 작은 실행을 반복했을 뿐이다. 그리고 이런 마인드와 습관이 결국 백만 장자라는 결과를 만든 것이다.

제2의 소득원 창출은 설득력과 땀을 요구할 뿐 초기 자금을 거의 필요로 하지 않는다.

이 책을 읽고 있는 당신이 19번째 성공 법칙을 진지하게 받아들이기를 간청한다. 오랫동안 당신에게 도움이 되고, 경제적 자유를 가져다줄 다수의 소득원을 창출하기 위한 조치를 취할 때 당신의 삶이 바뀔 것이다.

내 인생의 처음 35년 동안은 수입원이 하나뿐이었다. 하지만 빠듯한 예산으로 시작한 컨설팅 사업(성공 법칙 32: 절대 놓치면 안 되는 큰 돈이 들어오는 기회)의 마케팅 수단으로 시작한 일이 두 번째, 세 번째, 네 번째, 다섯 번째 소득원이 되었다.

마케팅에 쓸 돈은 없었지만 배짱은 있었다(레바논과 시리아의 후손치고는 상당히 대담했다). 나는 지역 신문에 '비즈니스 매너'라는 칼럼을 연재할 계획을 세웠다(성공 법칙 35: 현실을 내 편으로 만드는 3단계 시각화 공식).

물론 저절로 연재가 성사되지는 않았다. 나는 신문사에 내 칼럼을 연재해달라고 9개월 동안 간청하다시피 했다(성공 법칙 21: 원하는 답을 100% 얻어내는 백만장자들의 설득법).

마침내 그 신문사에서 연재 승낙을 얻어낸 후 곧바로 다른 신문사 20에도 연락해보았다. 그리고 2년 동안 다른 신문사 세 곳에서 칼럼 연재 승낙을 받아냈다(성공 법칙 25: 인생의 장애물을 만났을 때 4단계 극복 방법). 비록 소액이지만, 나는 칼럼 하나를 주간지 네 개에 실음으로써 소득원 3개를 더 창출한 것이 매우 기뻤다.

내 칼럼이 실린 주간지가 발행되는 도시에서 일감도 들어왔다. 하지만 나는 더 전국적으로 알려지고 싶었다(성공 법칙 31: 부자들이 잠재의식을 조작하는 방법 5가지). 나는 해외 독자들이 읽는 비즈니스 잡지들을 조사했다. 그런 다음 1990년대의 방식대로 잡지사에 전화부터 하고 각 잡지의 형식에 맞춘 칼럼 세 편과 이력서를 보냈다. 그런 다음 전화를 한두 번 더 했다. 30번의 거절 끝에 전국에 배급되는 한 잡지사에서 내 칼럼을 싣겠다고 했다. 이 소득원이 내 회사의 이름을 해외까지 알려준 덕분에 나는 해외 출장을 다니게 됐다.

신문과 잡지에 연재된 칼럼은 나의 사업이 번창하도록 도움을 주었을 뿐 아니라 소득원을 더 늘릴 기회도 열어줬다. 2년 전 나는 책을 쓰겠다는 생각을 마음에 품고서, 목표로 기록해뒀다(성공 법칙 5: 성공을 부르는 가장 빠른 방법: 무조건 써라). 하지만 언제 기회가 생길지 알지 못했다. 애덤스 미디어의 발행인이자 소유주였던 스콧 애덤스Scott Adams가 〈USA 투데이〉에서 우리 회사를 다룬 기사를 읽고 내게 전화해 출판기획서를 내보겠냐고 물었다.

또 하나의 소득원이 생겼다! 출판 계약금과 향후의 인세는 소득원의 추가를 의미했다. 하지만 첫 번째 책을 출판한 이후 25년 동안 8권의 책을 더 쓰게 되리라고는 생각지도 못했다.

소득원은 현금만 유입시키는 것이 아니다. 소득원을 더욱 다양화시킬 기회도 만들어낸다. 나는 복수의 소득원 덕분에 임대소득을 얻을 수 있는 건물 한 채를 사고, 다른 주에 별장도 마련할 수 있었다.

그렇게 소득원은 늘어났지만 문제가 있었다. 나는 열심히 일만 했을 뿐 영리하지 못했다. 42살임에도 나는 가장 중요한 미래 계획, 즉 은퇴 자금을 준비하는 방법에는 무지했다. 다행히 어느 순간 정신을 차리고 퇴직연금 계좌를 개설하고, 매년 적립할 수 있는 최대 금액을 넣었다.

하지만 많은 사람들처럼 주식에 투자해 부를 늘리기는 두려웠다. 어렵게 번 돈을 잃을까 봐 무서웠던 까닭이다. 그래서 회계사와 투자 자문의 조언을 무시하고 20년 이상 CD(양도성예금증서)에만 돈을 묶어뒀다. CD 금리가 인플레이션 비용에도 미치지 못한다는 것을 논리적으로는 알았다. 그런데도 재무 관리에 대한 무지와, 저축액을 잃을 수 있다는 두려움에 지배당했다.

5년 전 나는 마침내 주식 투자의 필요성을 받아들이고 투자를 시작했다. 내 투자 포트폴리오는 복리이자가 어떻게 부의 축적을 가져오는지를 보여주는 증거다.

내 약점을 공개하는 이유는 당신이 내 잘못에서 교훈을 얻었으면 하는 마음에서다. 창업이나 초기 자본 없이도 땀만 쏟으면 되는 프리랜서 일을 함으로써 얼마나 쉽게 다수의 소득원을 창출할 수 있는지 당신이 알았으면 한다. 또한 올바른 부동산 투자가 훌륭한 소득원이 될 수 있다는 것도 알았으면 한다.

당신이 나의 무지에서 교훈을 얻고 다음 월급에서부터 할 수 있는 최대한의 금액을 퇴직연금으로 적립하기 바란다. 마지막으로 어렵게 번 돈이 불어날 수 있도록 유배당 성장주에 현명한 투자를 시작하기 바란다.

♦ 여윳돈을 만들 수 있는 여덟 가지 방안

1. 퇴근 후 2시간을 활용할 수 있는 프리랜서 업무 탐색 (글쓰기, 디자인, 영상 편집 등)

2. 스마트스토어, 당근마켓, 크몽 등에서 '내가 팔 수 있는 것'을 찾아보기

3. 부동산 소액투자, 배당주, 예금상품 등 월 5만 원부터 시작 가능한 투자 목록화

4. 평소 관심 있는 주제로 네이버 블로그 개설 및 수익화 구조 공부

5. 정부 지원 창업 교육 프로그램이나 공공기관 무료 교육 정보 수집

6. 쓰지 않는 물건을 정리해 중고마켓에서 수익화

7. 자동화 수익 구조에 대한 유튜브, 블로그 콘텐츠 10개 정독

하며 아이디어 정리

8. 본업의 지식, 사례를 '글'이나 '강의'로 전환할 방법 찾기

알고리즘 트리거: 오늘 퇴근 후, 내가 시도할 수 있는 '두 번째 소득원'을 리스트업하고 그중 하나를 바로 실행에 옮긴다. (미루면 안 한다. 지금 하라!)

3장

결국
행동하는 사람만
부를 쥔다

성공 비결
20

부자들은 '아는 만큼'이 아니라
'배운 만큼' 번다

성공한 사람들이 끊임없이 창의력을 유지하는 비결 중 하나는 매일 새로운 무언가를 배우는 것이다. 어떤 이들은 자기 전문 분야와 관련된 새로운 정보를 수집하고, 어떤 이들은 시간을 내서 새로운 기술을 배운다.

성공에 대한 투지를 불태우는 이들은 몸과 마음에 자극을 줄 시간을 일정에 포함시킨다. 그것은 팟캐스트를 듣거나 조간신문을 읽거나 골프 강습을 받는 것처럼 간단한 일일 수도 있다.

◆ 독서

자수성가한 백만장자들이 책을 읽는 이유는 보통 사람들과는 다르다. 일반적으로 사람들은 재미와 스트레스 해소를 위해서 책을 읽지만, 자수성가한 백만장자들은 머리와 마음을 풍요롭게 만들어줄 주제를 다룬 책을 선택한다. 물론 추리소설을 읽거나 좋아하는 작가의 논픽션을 읽는 사람들도 있기는 하지만 대부분의 관심 분야는 세 가지로 집중된다. 자기 계발과 전기, 역사가 그들의 관심 주제다. 이 세 분야의 책에 집중하는 이유는 다른 사람들의 경험에서 배움을 얻고, 자신들이 맞닥뜨릴 수도 있는 상황에서 남들은 어떻게 대처했는지 미리 알아보기 위해서다.

◆ 운동

격렬한 테니스와 그보다는 덜 격렬한 골프, 이 두 가지는 백만장자들이 가장 많이 즐기는 스포츠였다. 이 두 가지는 기술과 집중력이 요구되는 동시에 사교적이면서도 도전적인 스포츠이기 때문이다. 이런 운동은 자력으로 성공하기 위해 꼭 필요한 법칙의 하나인 '의사결정능력'도 크게 향상시킨다. 테니스 코트나 골프장에서 공식 업무가 이뤄지지는 않지만, 이들 스포츠에서 중시하는 윤리적 태도와 대인관계 능력은 성공을 위한 또 다른 두 가지 법칙이다.

◆ 경청

성공한 사람들은 다른 사람의 이야기를 듣는 것이 훌륭한 학습 방식임을 알고 있었다. 그 의견에 동의하든 그렇지 않든 새로운 관점을 배울 수 있기 때문이다.

누구나 큰 성공을 꿈꾸지만, 대부분은 비슷한 하루를 반복하며 살아간다. 인간은 본능적으로 익숙한 환경과 행동에 끌리기 때문이다. 그 결과, 알고리즘은 우리의 취향을 정교하게 반영하고, 삶은 점점 더 익숙한 방식으로 굳어진다.

이런 타성을 깨는 유일한 방법은 새로운 지식을 받아들이는 것이다. 많은 이들에게 사랑받고 있는 한국의 대표 동기부여 채널 '성공한스푼'은 매일 수백만 명에게 영감을 전하고 있다. '평범한 사람들의 특별한 이야기'를 주제로 다양한 인물들과의 팟캐스트도 함께 진행 중이다. 자신이 좋아하는 일을 향해 꾸준히 나아가는 이들의 이야기는 깊은 감동을 주며, 삶의 전환점을 만들어낸다.

운영자인 김윤동 대표는 "성장하려면 불편함에 익숙해져야 한다"고 말한다. 성공한 사람들은 배움을 두려워하지 않고, 꾸준히 실천해왔다. 인생의 수많은 점들이 결국 하나의 선으로 이어지듯, 오늘의 작은 배움은 내일의 큰 전환점이 될 수 있다. 이것이 자수성가한 백만장자들이 매일 새로운 것을 배우는 이유다.

♦ 날마다 새로운 것을 배울 수 있는 세 가지 방법

1. 지역 행사를 찾아본다. 어떤 행사에 가장 관심이 가는지 생각해본다. 그중 한두 개 행사에 참석할 시간을 마련한다. 분명 그날 새로운 것을 배우게 될 것이다.

2. 자신의 관심 분야에서 성공을 거둔 사람에 관한 책을 구입한다. 그 사람의 성공과 실패에서 배움을 얻는다.

3. 말을 줄이고, 남의 이야기를 듣는다. "입은 하나이지만 귀는 둘인 이유가 있다"라는 속담도 있지 않은가.

알고리즘 트리거: 지금 당장 유튜브에서 TED 중 가장 낯선 소재 중에서 하나를 골라 최대한 집중해서 들어보자.

원하는 답을 100% 얻어내는
백만장자들의 설득법

성공한 사람들은 설득의 힘을 알고 있다. 그들은 '아니오'란 대답을 곧이 곧대로 받아들이지 않는다. 대신, '지금은 곤란하다,' '시기가 적절하지 않다,' '너무 바빠 당장 결정할 수는 없다'라는 의미로 해석한다. 그래서 결국 원하는 답을 얻을 때까지 기회를 봐가며 같은 질문을 여러 차례 한다.

상대는 그런 끈질김에 짜증을 낼지도 모른다. 하지만 요청 방식에 따라, 요청자의 창의력을 높이 평가할 수도 있다. 핵심은 요청 방식이다.

어떤 사람들은 사냥의 결과물만큼이나 그것을 얻기 까지의 추격을 즐긴다. 당신은 어느 쪽인가? 16살의 나이에 백만장자로 자수성가한 제임스 티모시 화이트James Timothy White는 이 두 가지를 모두 즐기는 사람이 분명하다. 그는 12살 때 캐나다에서 첫 회사를 설립한 뒤, 이를 수백만 달러 규모의 기업으로 키웠다. 2005년에는 그 회사를 매각하고 유망한 금융 분야의 벤처 사업을 새로 시작했다.

성공한 많은 기업가들처럼 제임스는 파산을 겪었지만, 가족에게 투자를 받아 벤처회사를 설립하며 재기했다. 그리고 그 회사를 프랑크푸르트 증권거래소에 상장시키며 세계 최연소 상장사 CEO라는 기록을 세웠다.

17살 때 제임스는 아주 작은 사업을 하고 있었다. 그러던 어느 날 캐나다 앨버타주 전역에 통신 타워 수백 개를 세워 고속 인터넷망인 앨버타 슈퍼넷의 구축에 기여하는 SNC 나발린 넥사코SNC Navalin Nexacor라는 대형 엔지니어링 회사로부터 전화를 받았다. 그 회사의 시설 관리자는 제임스 회사의 웹사이트를 보고 그에게 전화하여 겨울철 제설 작업과 여름철 조경 작업을 포함해 타워의 관리 계약 입찰에 참여할 생각이 있는지 물었다. 제임스는 두 번 생각할 것도 없이 입찰에 필요한 서류를 이메일로 보내달라고 요청했다.

입찰 서류들을 받은 날 밤, 아직 십 대였던 제임스는 어머니에게 서류를 보여주며 앨버타 전역에 있는 통신 타워들을 관리하는 사업에 입찰할 거라고 설명했다. 그러자 어머니는 그가 할 수 없는 일이라며 맹렬히 반대했다. 어머니 말이 옳다는 것을 알았지만 제임스는 어머니의 반대를 수용하지는 않았다.

제임스는 자신이 유일한 입찰자라는 사실을 알지 못한 채 입찰에 참여했고, 당연히 낙찰받았다. 부모님은 처음에는 반대했지만, 결국 그가 사업을 추진하는 동안 지원군이 되어주었다.

아버지는 트럭 몇 대를 구입하려는 그를 포드 자동차 대리점에 데려다줬다. 18살인 그는 신용 기록이 별로 없어서 대출을 신청했지만 승인받지 못했다. 하지만 제임스는 이 결과를 바꾸기 위해 대리점 사장과의 면담을 요청했다. 그가 몇 분 동안 자신이 따낸 계약에 대해 설명하자 대리점 사장은 다음 날 아버지와 함께 다시 오라고 했다. 며칠 만에 제임스는 제설기를 장착할 수 있는 신형 F250 디젤 픽업트럭의 대출 승인을 받았다. 하지만 이는 이례적인 형태의 대출이었다. 대리점 사장이 개인 자금을 제임스에게 융자해 주었던 것이다.

그렇게 제설기, 트럭, 낙엽 청소기, 삽은 마련했으나 직원은 구하지 못했다. 그의 부모님은 18살 아들을 위해 직장까지 그만두고 함께 일해주었다. 남은 문제는 오직 하나, 계약 준비에 모든 돈을 써버려서 남은 돈이 전혀 없다는 것이었다.

게다가 용역을 준 회사와는 90일 후 결제를 조건으로 계약했다. 다시 말해, 3개월 뒤에야 첫 대금을 지불받는다는 뜻이었다. 그의 부모는 집을 담보로 2차 융자를 받았다. 그리고 제임스의 주유비, 숙박료, 보험료를 내주기 위해 신용카드를 한도까지 사용했다. 그 해 연말에 제임스는 대금을 결제받았고, 부모님이 빌려준 주택 융자금과 신용카드 사용액을 갚을 수 있었다.

중간 과정은 생략하고, 2006년의 상황을 보자. 그의 부모는 그에게서 회사를 매입한 다음 수익이 높지 않은 사업(조경, 택배, 자산 관리 등)을 매각하고 정리했다. 현재 그들은 대형 트럭과 트레일러 수리에 주력하며 부지만 1,600제곱미터나 되는, 도시에서 손꼽히는 정비소 중 하나를 운영하고 있다.

제임스가 처음에 안 된다는 말을 순순히 받아들였다면 그와 그의 부모는 장래성 없는 일을 하며 불행하게 살았을 것이다.

제임스는 플로리다 전역의 부동산을 취급하는 회사 WeSaySold.com의 설립 및 다양한 투자 관리 BinaryBiometrics.com, DrugTestingCourses.com에 집중하고 있다. 또한 열심히 일하는 중소기업인들이 장비를 구입하고, 최신 기술을 도입하고, 자동화를 통해 공정을 개선하여 성장할 수 있도록 자신의 자본을 들여 도우면서 자부심을 느끼고 있다.

♦ 거절을 승낙으로 바꾸기 위한 네 가지 조치

1. 당신의 요청이 왜 그렇게 당신에게 중요한지 스스로 자문해본다. 그리고 그 요청이 가져다줄 혜택을 써본다.

2. 가장 중요한 것은 타이밍이다. 따라서 당신이 부탁받은 사람이 당신에게 온전히 신경쓸 수 있는 시간에 약속을 잡도록 한다.

3. 처음 부탁하는 자리에서 거절당했다면, 다음에는 표현을 바꿀 필요가 있다. 혹시 부탁받은 사람이 단호히 거절한다면 몇 개월 후에 다시 논의할 수 있는지 물어본다. 그 후에 이메일로 시간을 내줘서 고맙다는 인사와 함께 이야기한 대로 몇 개월 후에 다시 찾아가겠다고 이야기해둔다.

4. 약속한 시간에 다시 찾아가 승낙을 받아낸다. '혹시'라는 단어는 성공한 사람들의 사전에 존재하지 않는다는 것을 기억하라. 문제는 '타이밍'일 뿐이다!

알고리즘 트리거: 당신의 부탁이 거절당하더라도 원하는 답을 얻는 과정이라고 생각한다. 그리고 타이밍을 바꿔 최소 두 번 이상 정중하게 다시 시도해본다. '거절은 과정일 뿐'이라는 자세로 원하는 결과를 끝까지 밀어붙인다.

제가 만났던 부자들
전부 '이걸' 작성합니다

대부분은 '재무 계획'을 '은퇴 준비'로만 받아들인다. 하지만 재무 계획은 누구에게나 필요하며, 첫 수입이 들어온 순간부터 시작되어야 한다.

나를 포함한 많은 사람들은 돈을 관리하는 방법을 배운 적이 없다. 많은 사람이 부모님으로부터 돈 관리에 관한 조언을 듣지도 못했을 뿐 아니라, 재무 관리 지식을 다룬 온라인 기사를 찾아보지도 않은 채 스스로 어렵사리 터득해야 했다. 사실 많은 사람이 돈을 버는 것보다 번 돈을 관리하는 것을 어려워한다.

이 단원을 쓰기 시작하면서 나 역시 재무분석표를 작성해야만 한다는 생각에 움츠러들었다. 그러면서 재무분석표 작성하기가 왜 끔찍이 싫었는지 깨달았다. 그 과정을 생각만 해도 갑갑한 기분이 들 뿐 아니라, 내가 돈 쓰기를 좋아한다는 결과가 나오리라고 대충 짐작하고 있었기 때문이다.

그러다 찰스 헤모이Charles Hamowy의 《영원한 재무 안정》Financially Secure Forever을 읽고서 신경경제학neuroeconomics이라는 분야를 알게 됐다. 사람들이 경제적 결정을 어떻게 내리는지 뇌과학의 측면에서 연구하는 새로운 분야였다. 그러자 내 소비 습관 및 구매 결정에 영향을 미치는 요인들이 훨씬 분명히 보였다. 뉴로마케터neuromarketer처럼 내가 왜 지금과 같은 방식으로 물건을 사는지 이해하게 된 것이다. 또한 소비 습관을 예상하는 데도 도움이 됐다.

재무 로드맵 작성의 첫 단계는 자신의 소득 대비 소비가 얼마나 되는지 파악하는 것이다. 그 결과에 따라 소득보다 적게 지출하는 자신을 칭찬하거나, 혹은 불필요한 지출을 줄여야 한다. 어느 경우든 궁극적인 목표는 저축과 투자를 위해 소득의 10퍼센트를 남겨두는 것이다.

아주 성가신 일 같겠지만 계속 읽어보라. 생각만큼 고통스러운 과정은 아니다. 이는 나의 체험에서 우러나온 말이다.

♦ 예산 수립의 유형

예산 수립은 개인적인 결정이다. 자신의 성격과 소비 방식에 따라 자신에게 맞는 예산을 세워야 한다.

재무 관리에 능숙하고 꼼꼼한 사람이라면, 엑셀 스프레드시트를 열어, 범주별로 지출 항목을 설정하고, 구입 내용을 전부 기록할 것이다. 그게 너무 복잡하게 느껴지는 사람은 대략적인 예산 수립을 선호할 것이다. 이 경우 필수적인 지출부터 재량 지출 순으로 적어 내려간다.

그런 다음 필수적인 지출 우선으로 원하는 지출을 실행하거나 미루는 방식으로 조정한다.

세 번째 유형의 예산 수립은 현금의 흐름을 파악한 다음 그달에 쓸 수 있는 금액을 기준으로 지출을 조정하는 것이다. 이런저런 핑계를 대며 지출하지 말라!

어떤 유형의 예산 수립 방식이든 자신에게 맞는 방법을 선택하라.

♦ 예산 수립 도구의 사용

엑셀 스프레드시트나 스마트폰 앱처럼 정교한 예산 수립 도구를 쓸 수도 있다. 또는 공책에 직접 적는 간단한 예산 수립 방법을 선호할 수도 있다.

심지어 예산을 짜는 도구로 봉투를 사용하는 사람들도 있다. 그들은 외식, 여가 활동 등, 용도 별로 봉투를 준비해 일정 금액을 넣어두고 그 금액 안에서 지출을 한다.

복잡하게 예산을 짤 필요는 없다. 예산 수립은 당신이 재무 관리에 책임감을 갖도록 만드는 수단일 뿐이다.

첫 번째 목표는 두말할 것 없이 지출보다 더 많은 돈을 버는 것이다. 그와 반대로 버는 것보다 많은 돈을 쓰고 있다면 먼저 현재 소비 습관부터 파악하면 좋을 것이다. 나나 드루 리스Dru Riess를 스승으로 삼겠다면 대환영이다.

백만장자가 된 후에 과도한 소비로 전 재산을 탕진한 많은 사람들과 달리, 드루는 20대 후반에 백만장자가 됐지만 흥청망청하지 않았다. 대신 드루와 그의 배우자는 수입보다 적게 지출하며 살기로 했다.

드루 부부는 자신들의 결정을 이렇게 설명했다.

"나는 가계 재무제표상으로 20대 후반에 백만장자가 됐고, 30대에는 그 자산 외에도 수백만 달러의 현금이 개인 계좌에 있었습니다. 나는 그 돈을 전부 찾아서 은행 금고에 넣어뒀습니다. 그걸 들여다보지도, 만지지도 않았죠. 나는 그 돈을 금융회사에 맡기면서 내가 55세가 되는 25년 뒤에 찾으러 오겠다고 했습니다. 그때가 되면 아이들이 다 쓸 수 없을 정도로 돈이 불어나 있겠죠.

그때까지는 아내와 나, 둘 다 일해서 월급으로만 생활할 거예요.
월급이 좀 많기는 하지만요!"

당신은 어떤지 모르겠지만 나는 그의 말이 매우 인상 깊었다.

◆ 네 가지 재무 계획 전략

1. 예산을 분석하라. 개선의 여지가 있는 부분을 찾도록 하라.
소득보다 지출이 많은 것으로 나타나면 자신의 소비 방식을 재
평가해야 한다. 이를 통해 자신이 돈을 어떻게 쓰는지 파악한
다. 필요에 의한 지출과 욕구에 의한 지출이 몇 퍼센트인가? 욕
구에 의한 지출을 줄이는 데 필요한 조치를 취하라.

2. 의도한 지출만 하라. 24번째 성공 법칙(가난한 사람은 매일 하는
데, 부자들은 절대 안 하는 행동)에서 알려줄 것처럼 이러한 조치만
으로도 충동적 지출을 피하고 구매 계획을 수립하는 데 도움이
된다.

3. 단기 및 장기 재무 계획을 세워라.

   - **단기 재무 계획**: 아마 당신은 주택이나 아파트를 구입하기
   위해 저축을 하고 싶을 것이다. 또는 새 차가 필요할 때(욕심
   나서가 아니라) 현금으로 구입할 수 있도록 돈을 마련해두고
   싶을 수도 있다.

   - **장기 재무 계획**: 당신은 퇴직할 연도를 정해뒀을 것이다. 퇴

직 후에 어떻게 살고 싶은지, 그러려면 한 해에 얼마만큼의 돈이 필요한지 생각해보라. 그런 다음 퇴직 전까지 저축하고 투자할 예정인 금액으로 원하는 생활 방식을 유지할 수 있을지 따져보라. 온라인에서 구할 수 있는 은퇴 자금 계산기는 아주 많다.

4. 미래를 위해 투자하라. 앞에서 소개했던 백만장자인 존 피어스는 25년간 투자 분야에서 일한 사람답게 자신의 미래 재무 계획을 훌륭하게 세워놓았다. 그는 퇴직연금에 가입해 매년 수입의 10퍼센트를 적립하기를 권장했다. 그는 이 세전 적립금은 실질 수입에 거의 영향을 주지 않는다고 덧붙였다. 그는 20대부터 퇴직연금에 급여의 10퍼센트를 적립한 사람은 퇴직할 때 백만장자가 될 것이라고 장담했다.

또한 존은 알고리즘이 아니라 인간의 조언을 토대로 상장지수 펀드에 가입한 뒤 리밸런싱을 통해 70대 30의 비율로 주식과 채권에 투자하고, 나중에는 안정성에 치중한 자산 배분을 하라고 조언했다. 또한 개인 퇴직 계좌에 가입하라는 조언도 덧붙였다.

존은 취직한 날부터 투자를 시작했다고 한다. 그는 수입의 10퍼센트를 퇴직연금으로 적립하기 시작했고 계속 부담금을 최대 한도로 늘렸다(보통 해마다 1만8천 달러를 늘렸다). 이 전문 투자자는 할 수 있는 모든 종류의 투자를 하라고 조언한다. 30년에서 40년 동안 투자를 한다면 종류와 상관없이 5~8퍼센트의 수익을 얻으며 백만장자로 은퇴하게 된다는 이유에서였다.

미래를 위한 투자와 관련된 존의 마지막 조언은 인터넷에서 '7의 법칙'(연이율이 10% 이상이면 7년마다 돈이 2배로 불어난다는 법칙 – 옮긴이)을 찾아보고 복리이자의 위력을 이해하라는 것이다. 투자한 돈이 7년마다 2배가 된다고 전제하면, 그 마법(사실 마법이 아닌 수학)으로 당신은 백만장자가 되리라는 것을 알 수 있을 것이다.

이 책을 읽는 동안 '중요한 것은 돈이 아니다'라는 자수성가한 백만장자들의 견해를 접하게 될 것이다. 하지만 현실을 직시하자. 돈이 자수성가한 백만장자들에게 경제적 여유를 주었듯이, 당신도 재무 로드맵을 작성하고 그 한계 내에서 생활한다면 경제력은 향상되고, 스트레스는 줄어들 것이다.

지출에 끌려다니지 말고 당신이 지출을 통제하라. 무엇보다도 돈을 소중히 여긴다면 돈이 당신 편이 될 것이라는 점을 인식하라.

알고리즘 트리거: 이번 주 안에 최근 3개월 간의 수입과 지출 내역을 정리해본다.

고정비(월세, 통신비, 보험료)와 변동비(외식, 쇼핑 등)를 구분하여 시각화한다.

급여일 기준으로 지출 계획을 세우고, 불필요한 소비 항목에는 '제한 금액'

을 설정한다.

6개월 이내에 사용할 큰 소비(여행, 가전, 자동차 등)가 있다면 미리 항목화하고 분할 저축한다. '재무 로드맵'을 간단하게 정리해 두고, 매월 첫 주에 점검하는 시간을 갖는다.

가난을 벗어나기 위해
가장 먼저 해야 할 것

자기 미래를 위해 투자할 돈부터 책정해두라는 '현명한' 조언을 들은 적이 있는가?

당신이 대다수 미국인과 같다면, 그 조언을 따르지 않았을 가능성이 크다. 미국인의 26퍼센트는 '투자할 돈부터 빼놓기'라는 조언을 따르기는 커녕 비상시를 대비한 저축조차 하지 않는다.

예상치 못한 지출에 대비한 저축도 못 하는데, 투자할 돈부터 챙겨놓을 생각을 어떻게 하겠느냐는 의문을 가질 수 있다. 비상금의 확보와 투자금의 우선 책정을 실천할 수 있는 방법을 몇 가지 살펴보자.

◆ 비상금 조성 방법

우선 기존의 고정 비용들을 따져보라. 현재 스마트폰의 데이터 사용량을 검토하고, 낮은 요금제로 변경한다면 매월 얼마나 절약할 수 있는지 알아보라. 자동차 보험사에 공제액을 올리면 얼마나 절약할 수 있는지 물어보라. 신용카드 빚이 있다면, 은행에 채무통합대출을 신청할 수 있는지 알아보는 것도 좋다. 그러면 청구서를 한 장만 받게 되어 부담이 줄어들 뿐만 아니라 더 낮은 이자율을 적용받아 더 빨리 빚을 갚을 수도 있다.

'자신의 선택에 의한' 월간 지출도 검토해보라. 여기에는 외식, 오락, 선물에 쓰인 비용이 포함된다. 도시락을 싸고, 집에서 식사하는 횟수를 늘리며 생일 선물을 급히 사느라 비싸게 사지 말고 적당한 선물이 눈에 띌 때 미리 사둠으로써 지출을 줄여라.

거주지도 다시 고려해보라. 현재 전망이 좋은 방 2개짜리 아파트에 월세로 살고 있다면, 전망이 좋지 않은 방 1개짜리 아파트로 이사하는 것을 고려해보라. 상당한 금액이 절약돼 비상금도 더 빨리 마련할 수 있고 미래를 위한 투자 시점도 훨씬 앞당길 수 있을 것이다.

자동차 할부금을 내고 있다면 그 차를 팔고 대출 없이 살 수 있는 차로 바꾸는 것도 생각해보라. 자존심이 상할 수는 있겠지만, 자동차처럼 가치가 계속 떨어지는 물건에 지출하는 대신 매달 200~400달러를 절약해 비상금을 마련할 수 있다고 생각하면 미소 짓게 될 것이다.

월급이 오르면 인상된 금액은 고스란히 비상금으로 적립하라. 매월 고정 및 재량 지출에서 줄일 수 있는 액수가 30달러든 500달러든 간에 고스란히 비상금으로 저축하라.

기한을 정해두고 그 안에 3~6개월간의 생활비를 저축한다는 목표를 세워라. 6개월치 생활비를 저축하기까지 시간이 꽤 걸리겠지만 걱정할 것 없다. 당신은 종합 계획에 따라 옳은 방향으로 가고 있으니 말이다.

♦ 미래를 위한 투자부터 시작하라

비상금이 마련될 때까지 기다리지 말고 다음 월급부터 미래 계획을 시작하라. 가장 쉬운 방법은 경리과에 당신의 순소득 중 일정 비율을 이자가 붙는 예금 계좌로 바로 이체해달라고 요청하는 것이다.

대부분의 자산 설계사는 순소득의 10퍼센트를 미래를 위해 투자하라고 조언한다. 예를 들어 당신의 월 순소득이 2,400달러이며 격주로 급여를 받는다고 하자. 경리과에 급여를 지급하는 날마다 120달러씩, 즉 월 240달러를 투자용 통장으로 이체해달라고 요청하는 것이다. 생각해보라. 일 년이면 2,880달러를 저축하게 될 것이다. 급여 인상분을 포함시키지 않고 그 돈만 매년 투자하더라도 경제적 자유를 얻게 해줄 종잣돈을 마련하게 될 것이다.

미래의 재무 계획을 세워두면 인생을 통제하고 있다는 자신감도 들 것이다.

알고리즘 트리거: 지금 당장 소득의 10%를 자동이체로 설정하여 비상금 계좌를 만들어라.

가난한 사람은 매일 하지만, 부자들은 절대 안 하는 행동

만약 이 책에 소개한 성공 법칙들 중 많은 사람이 배우지 못한 한 가지를 꼽아야 한다면 그것은 바로 '계획적인 구매'일 것이다. 많은 사람이 쇼핑을 일종의 치유 행위로 여기고 그로 인해 충동구매를 한다. 나도 그런 사람들 중 하나였다!

서문을 읽었다면 내가 아직 자수성가한 백만장자가 되지 못했다는 사실을 알 것이다. 나는 아직 다섯 가지 성공 법칙을 습득하지 못했는데, 그중 하나가 이 성공 법칙이다.

나는 아주 적은 금액의 소비까지도 미리 계획하고 실행해야 한다는 것을 그리 중요하게 생각하지 않았다. 그 이유만으로도 '구매 계획 세우기'는 2017년 이 책을 쓰기 시작했을 때 내가 생활 방식으로 부지런히 터득해야 할 새로운 습관이었다. 나는 좋아하는 온라인 쇼핑 사이트를 방문하기 전에 그냥 구경만 할 거라고 스스로에게 상기시킨다. 또한 내가 교묘한 구매에 쉽게 넘어가는 사람이라는 것을 알고 있으므로, 인포머셜informercial도 보지 않는다.

쇼핑몰에 갈 때도 이제는 꼭 구입해야 할 물건들만 적은 목록으로 무장하고 들어선다. 내가 원하는 물건이 눈에 띄더라도 바로 사지 않고 다음 구매 목록에 적어두고, 계획한 것만 구매하도록 나를 훈련시키고 있다.

이에 대한 긍정적인 결과는 나에게 아주 좋은 인센티브가 됐다. 내가 계획한 것들만 구매한 첫 달에는 신용카드 청구액이 25퍼센트나 줄었다. (여기서 40달러, 저기서 50달러가 모여 그렇게 많은 돈이 절약될 줄 몰랐다!) 계획 구매를 지속하기에 충분한 인센티브였다. 나는 원래대로라면 계획하지 않은 구매로 써버렸을 돈을 입출금통장에서 특별 예금 통장으로 이체했다.

진즉에 이 성공 법칙을 내 머리에 심어준 사람이 왜 없었을까? 아마도 있었지만, 내가 듣지 않았을 것이다. '계획적인 소비'는 내가 습득해야만 하는 또 다른 성공 법칙이었다!

당신도 예전의 나와 비슷한가? 충동구매로 당신이 힘들게 번 돈이 은밀히 새어 나가고 있다면 계속 읽어보라.

◆ 소비 욕구를 이기게 해줄 다섯 가지 방법

1. 구매 목록 없이 집을 나서거나 쇼핑 사이트에 들어가지 않는다. 구매 목록은 대단히 중요하다. 살 필요가 있는 물건과 사고 싶은 물건을 구분해주므로 시간과 비용을 모두 아껴준다.

2. 구매 목록을 작성한 다음 한 번 더 확인한다. 구매 목록에 있는 물건이 정말로 필요한가? 치약이나 쌀, 로션을 사 왔는데 수납장 안쪽에서 그것들을 발견하는 일이 얼마나 자주 있는가? 이미 갖고 있는 물건을 산 적이 있다면 40번째 성공 법칙(조용하게 성공하는 사람 특징 "물건을 살 때…")을 주의 깊게 읽어보라.

3. 얼마나 절약했는지 관찰한다. 매월 말에 지난 3개월 동안 절약한 액수를 비교하라. 그리고 절약한 돈을 잘 활용할 수 있도록 특별 예금 통장에 넣어두라. 일 년 동안 얼마나 많은 돈이 모이는지 알면 놀라게 될 것이다.

4. 소비 욕구를 참은 자신에게 보상을 제공한다. 매월 말에 구매 목록을 고수하여 절약한 돈이 얼마나 되는지 계산하라. 왕창 쇼핑하던 버릇을 끊은 뒤 금단 현상을 경험하고 있다면 절약한 금액의 10~20퍼센트에 해당하는 상품권으로 스스로 보상을 제공하라. 이런 행동수정 기법의 적용으로 당신은 절약도 하고 쇼핑도 할 수 있다. 또한 '계획 구매'를 새로운 생활방식으로 자리 잡게 할 가능성도 커진다.

5. 쇼핑한 물건보다 소비를 계획하는 과정을 더 즐길 수도 있다는 점을 인식한다. 충동구매 욕구를 억누르면서 정말로 물건이 필요해서 샀던 것이 아니라는 것을 깨달았을 것이다. 무계획적 소비는 당신에게 일종의 치유 행위였을지 모른다. 하지만 월말에 줄어든 신용카드 청구 금액을 보고 스트레스가 얼마나 줄어들지 생각해보라.

알고리즘 트리거: 지금 당장, 다음 한 달간의 모든 지출을 '구매 전 계획 여부' 기준으로 정리하고, 목록 외 지출은 금지해본다.

인생의 장애물을 만났을 때 4단계 극복 방법

성공한 사람들에 관한 글은 그들이 도중에 마주친 장애물들에 관해서는 잘 드러나 있지 않은 경우가 많다. 그들은 '예기치 못한 상황'에 대처하는 방식에서 남들과 달랐다. 성공한 사람들은 평범한 사람들이 '실패'라고 인식할 수도 있는 뜻밖의 상황 앞에서도 패배감에 빠지기보다는 성공 심리success mentality를 발전시켜왔다. 그들은 좌절을 극복해야 할 장애물로 여긴다. 다시 말해서 그들은 끈기가 있다.

성공한 사람들에게 포기란 생각도 못 할 일이다. 그들의 사전에 실패란 단어는 없다. 그 대신에 성공한 사람들은 어떻게 해야 본 궤도로 돌아와 그 일을 끝낼 수 있을지 알아내기 위해 시간과

에너지를 쏟아붓는다.

자수성가형 백만장자인 마이크 베터Mike Vetter는 '끈기' 유전자를 타고난 게 틀림없다. 플로리다주 데이토나 비치에 본사를 둔 카 팩토리The Car Factory의 소유자이자 운영자인 그는 세상에서 단 한 대뿐인 콘셉트 카를 제작하고 판매하는 일을 하고 있다. 그는 자신과 이색적인 자동차 제작에 뛰어든 90퍼센트의 사람들 사이의 차이점을 긍정적인 사고방식과 끈기라고 설명했다. 다른 사람들도 기계와 자동차에 관해 광범위한 지식은 갖고 있겠지만, 예기치 못한 장애물을 만났을 때 계속 나아갈 불굴의 정신력은 없는 사람이 많다는 것이다.

그런 장애물들로 인한 좌절을 어떻게 버텨내는지 질문받았을 때 그는 성공에 관한 자신의 신념을 이렇게 설명했다. "저는 완수하지 못할 일은 없다고 생각합니다. 이런 사고방식을 가로막는 상황은 언제나 생기지만 그래도 앞으로 나아가야만 합니다. 저는 장애물을 만나면 여러 단계로 나눠 극복해갑니다."

마이크는 뜻밖의 장애물에 부딪혔을 때 일단 그것부터 해결한 다음에 원래의 목표를 어떻게 달성할지 새롭게 목표를 세운다고 했다. 그는 프로젝트의 경로 전체가 항상 보이지는 않지만, 목표를 향해 나아가다 보면 길이 나타난다고 말했다.

◆ 인생의 장애물을 만났을 때 4단계 극복 방법

1. 장애물을 만나면 그것이 어떻게 발생했는지 적는다. 그러면 앞으로 그것을 피할 가능성이 높아질 것이다.

2. 가능한 해결책을 써본다. 그런 다음 현재의 난제를 가장 잘 해결해줄 방안이 무엇인지 한 가지씩 검토하여 순위를 매긴다.

3. 다른 사람들은 유사한 문제를 어떻게 해결했는지 인터넷에서 자료를 찾아본다. 장담하건대 그런 난관에 부딪힌 사람이 당신이 처음은 아닐 것이다.

4. 무엇보다도 긍정적인 사고방식을 유지한다. 이런 태도가 끈기 있게 버틸 지구력을 제공할 것이다.

알고리즘 트리거: 문제 상황을 쓰고, 원인 분석→ 감정 정리→ 해결 아이디어를 순서대로 써본다. 그중 실천할 한 가지를 선택해 바로 실행한다.

이런 사람과 엮이면
반드시 실패한다

습관적으로 지각하는 사람은 절대로 백만장자로 자수성가할
수 없다고 나는 주장한다. 좀 심한 말 같은가? 아마 그럴 것이다.
하지만 진실이 아플 때도 있는 법이다.

나는 지난 15년 동안 사람들이 시간을 대하는 태도를 분석해
왔다. 일찍 또는 정시에 약속 시간을 지키는 사람은 항상 약속 시
간보다 늦는 사람들보다 자제력이 강하다고 나는 확신한다.

시간을 관리할 수 있는 사람은 돈도 관리할 수 있다. 내 의견
을 증명해 보이겠다. 한 사람의 이름을 써보라. 그가 대체로 약속
시간에 일찍 온다면 그의 이름 옆에 'E'를, 대체로 정시에 도착한
다면 'O'를, 항상 늦게 온다면 'L'을 표시해보라.

이름 옆에 'L' 표시가 있는 사람이라면 감히 말하건대 돈 관리도 서툰 사람일 것이다. 그렇지 않다면 아마 물려받은 재산이 있는 사람일 것이다! 이름 옆에 'E' 또는 'O' 표시가 있는 사람은 감히 말하건대, 재무 관리도 훌륭한 사람일 것이다. 시간을 관리할 수 있다면 돈도 관리할 수 있다는 내 의견이 증명됐는가?

피프스 서드 뱅크Fifth Third Bank의 전 CEO이자 이사장인 조지 쉐퍼George Schaefer는 직원들에게 시간 엄수를 강조하며 "약속보다 5분 빠른 것은 10분이 늦은 것이다"라고 늘 말하고는 했다. 나는 25년 넘게 이 은행에 자문하며 지켜보았고, 그의 직원들 99.9퍼센트가 연수 프로그램에 미리 또는 정시에 도착했다. 그것이 조직에서 기대되는 행동이었기 때문이다.

당신이 시간을 잘 지키는 사람이라면 축하를 보낸다. 백만장자로 자수성가하는 데 필요한 자질을 확실히 갖추고 있으니 말이다. 반대로 시간을 안 지키기로 유명한 사람이라 해도 시간 엄수의 법칙을 실천할 의지만 있다면 아직 희망은 있다.

다음은 시간을 엄수하는 사람으로 거듭나기 위한 지침 두 가지이다.

♦ **시간을 엄수하는 2가지 비법**

1. 출발해야 할 시간을 써 둔다. 몇시까지 어딘가에 가야 할 일이

있다면 도착해야 할 시간이 아닌 출발해야 할 시간을 써 둔다.

2. 약속 장소까지 가는 데 걸리는 시간을 여유 있게 잡는다. 그러면 스트레스를 최소화할 수 있다. 특히 예기치 않은 교통체증 시에 더욱 유용하다.

이 법칙에 숙달된다면 자연스럽게 재무 관리도 잘하게 되는 부수적인 효과를 얻게 될 것이다. 두고 보면 알게 될 것이다.

알고리즘 트리거: 약속 전날 밤, 옷이랑 가방만 미리 챙겨도 아침이 수월해진다. 단 3분의 준비로 여유로워지고 '시간 잘 지키는 사람'이라는 인상도 자연스럽게 따라온다.

성공 비결
27

성공하고 싶다면
의심하는 사람부터 끊어라

자수성가한 백만장자들은 목표를 달성해내는 사람들임에 틀림없다.

당신은 어떤 사람인가? 목표를 달성하고 싶은 사람인가? 단지 목표가 달성되기를 바라기만 하는 사람인가? 또는 목표를 달성해가는 사람인가?

♦ 목표를 달성하고 싶은 사람

실현하고 싶은 아이디어가 있었지만 행동으로 옮기지 않았던 적이 있었는가? 아마 어려움이 예상되어 실행을 미뤘을 것이다. 혹은 주변 사람들이 당신의 아이디어가 터무니없다고 했는가?

아니면 지난번에 시도했다가 실패했던 기억이 떠올랐는가?

안타깝게도 목표를 달성하고 싶어만 하는 사람들은 성공의 핵심 요소가 목표를 달성해가는 사람들을 가까이하는 것임을 깨닫지 못할 수도 있다. 그들은 토머스 에디슨의 전구 발명 이후로 최고의 발명이 될 수 있는 아이디어를 갖고 있음에도, 다른 사람이 만류하는 말 몇 마디나 자기 회의, 과거의 실패로 인해 주저앉으며 그것을 추진하지 못한다. 만약 그들이 8번째 성공 법칙(실패 없는 인생, 그것이 실패한 인생이다)을 읽었다면 에디슨도 수없이 많은 실패 끝에 성공했다는 사실을 깨달았을 텐데 말이다!

이제 31주년을 맞이한 컨설팅 사업을 처음 시작했을 때를 되돌아보면 나는 목표를 달성해가는 사업가들이 주변에 있었으니 운이 좋았다는 생각이 든다. 그들이 건넨 격려와 지식 덕분에 내가 사업을 성공시킬 수 있을까에 대해 고민하지 않았다. 어쩌면 사업을 시작하기를 좀 더 겁냈어야만 했는지 모른다. 하지만 적은 예산에도 불구하고 나는 두려움을 느끼지 않았다. 성공한 사업주들로 둘러싸여 있었던 것이 주된 이유였다. 사업 초기의 진통을 견뎌내는 법을 잘 알고 있을 그들 덕분에 나는 해낼 자신이 있었다.

♦ 목표가 달성되기를 바라기만 하는 사람

목표가 달성되기를 바라기만 하는 사람은, 실제로 이를 이룰 방법을 찾기보다 꿈을 꾸는 데 더 많은 시간을 보낼 것이다.

나도 한때는 목표가 달성되기를 바라기만 하는 사람이었다. 하지만 목표를 달성해가는 사람으로 바뀐 계기가 있었다. "당신이 지금 92세라면, 과거에 무엇을 했기를 바라겠는가?"라는 문구를 읽고서였다.

그 질문을 읽으면서 곰곰이 생각해봤다. 나는 사업을 시작하기를 원했다. 마침 그때 나는 한창 사업 중이었으므로 그 목표는 이뤘다. 다음 목표는 동부 지역의 고객까지 확보해서 뉴욕에도 사무실을 내는 것이었다. 하지만 그 목표를 어떻게 이뤄야 할지 몰라 버킷 리스트에 넣어 두고만 있었다. 나는 할 수 있다는 믿음이 목표 달성에 필요한 두 번째 요소임을 곧 깨달았다.

그 믿음을 갖고 나는 신들린 듯이 네트워킹을 하고 동부의 잠재고객을 대상으로 마케팅 계획을 세우고 실행에 옮겼다. 그리고 그로부터 5년 후에 마침내 충분한 거래처를 확보해서 뉴욕에 사무실을 낼 수 있었다. 목표가 이뤄지기를 소망만 하던 사람에서 목표를 달성해가는 사람의 대열에 합류하게 된 것이었다.

이 한 가지는 내가 확실히 안다. 당신도 바뀔 수 있다! 소망만 하지 말고 당신이 원하는 목표를 이룰 계획을 세워라!

♦ 목표를 달성해가는 사람

목표를 이루는 사람의 주요 특성은 '자신에 대한 믿음'이라는 사실을 알고 있었는가? 나는 세상에서 가장 심각한 질병은 암도, 알츠하이머도, 심장마비도 아니라고 항상 생각해왔다. 나는 세상에서 가장 심각한 질병은 '자존감 부족'이라고 진심으로 믿는다.

무언가를 이루기 위해서 가장 똑똑한 사람이어야 할 필요는 없다. 자신을 믿고, 할 수 있다고 확신하기만 하면 된다.

30대 초반, 나는 교사였다. 그러다 나의 자녀들이 학교에 입학한 뒤 나는 교직에서 사업으로 옮겨가고자 했다. 문제는 사업을 어떻게 시작해야 하는지 모른다는 것이었다.

나는 해답을 찾을 일이 있을 때면 서점에 가서 그 주제와 관련된 책을 찾아보고는 한다. 그때 《내가 원하는 것을 얻는 방법》How to Get Anything You Want이라는 책을 찾아냈다. 나는 책을 사서 집으로 향했다. 너무나 순진하게도 나는 첫 페이지부터 마지막 페이지까지 그 책을 다 읽었다. 좀 더 요령이 있었다면 마지막 페이지부터 읽어 시간을 절약했을 텐데 말이다.

당신이 그 책을 읽을 시간을 절약할 수 있도록 인생에서 원하는 것을 얻는 방법을 내가 바로 알려주려 한다. 준비됐는가? 목표를 이루는 데 필요한 모든 노력을 다하라(목표를 달성해가는 사람들이 오래전부터 외우던 주문이다!).

목표를 달성하고 싶은 사람, 또는 목표가 달성되기를 소망만 했던 사람이라 해도 이제는 목표를 달성해가는 사람이 될 수 있는 노하우를 알게 될 것이다.

♦ 목표를 달성해가는 사람이 되기 위한 3단계 방안

1. 자신이 무엇을 원하는지 생각해보고, 그것을 이룰 계획을 세운다. 기한도 스스로 정한다. 자신이 계획한 목표를 이미 달성한 사람들을 가까이한다. 이런 지원 체제는 성공에 대한 자신감 및 노하우를 확보하는 데 매우 중요하다.

2. 목표를 달성할 준비를 한다! 그 목표를 달성한 사람은 몰라도, 그 주제를 다룬 책은 분명히 있을 것이다. 만약 없다면 목표를 달성할 방안을 궁리하고 그것을 주제로 한 책을 쓰겠다는 목표를 추가한다.

3. 마음의 준비가 됐다면 이제 실행에 들어가자. 자수성가한 백만장자 드루 리스Dru Riess는 이렇게 충고했다. "당신을 못 미더워하는 사람들, '그건 좋은 생각이 아니야'라고 말하는 사람들을 무시해야 합니다. 그리고 강행하세요." 텍사스주, 맥키니에 파퓰러 잉크Popular Ink를 설립한 그는 20대 중반에 백만장자로 자수성가했다. 파퓰러 잉크는 2016년 2,500만 달러의 매출을 올렸으며 현재 51명의 정규직 직원을 두고 있다. 드루는 목표

를 이뤘다. 당신도 그럴 수 있다!

알고리즘 트리거: 달성하고 싶은 목표가 있다면, 당장 그걸 이룬 사람을 찾아보고, 그들이 어떻게 해냈는지 분석해본다. 그리고 지금 현재 연락할 수 있는 사람 중에서 그와 가장 비슷한 사람을 찾아 지금 당장 연락하라.

결국 성공하는 사람들이
반드시 지키는 습관

예기치 못한 암울한 상황에 직면했을 때 당신은 과도하게 부정적인 반응을 보이는가, 아니면 '저 속에서도 좋은 일은 있을 거야'라고 긍정적으로 생각하는가? 자수성가한 백만장자들의 공통적 특성은 아무리 심각한 상황일지라도 긍정적인 자세를 유지한다는 것이다.

부정적인 사람은 불쾌한 상황을 '해결할 수 없는 문제'로 볼 때가 많다. 그러나 긍정적 태도를 가진 사람은 같은 상황을 다른 시각으로 본다. 그들은 자신에게 닥친 상황에 침울해하기보다 그 상황을 어떻게 대처할 수 있을지를 고민한다.

부정적인 사람은 스트레스를 주는 상황을 '문제'로 해석하는 반면에, 긍정적인 사람은 '문제 해결사'가 된다. 그리고 긍정적인 생각은 부정적인 생각보다 에너지를 덜 소모한다.

자수성가한 백만장자들은 확실히 긍정적인 사람들이었다. 아마 그런 긍정성 때문에 혼자 힘으로 성공하고 유명해질 수 있었을 것이다. 그들은 아무리 어려운 상황에서도 '왜 이런 일이 내게 생기는가?'라는 한탄에서 벗어나 상황의 밝은 면에 집중한다.

긍정적 자세는 나의 유전적 특성이라고 확신한다. 사실 나는 지나친 낙천주의자여서 종종 사람들을 짜증 나게 만든다. 내 긍정적 태도에 나조차 놀랐던 두 가지 상황이 특히 기억난다.

◆ 상황 1

나는 9년간 탔던 자동차를 바꾸고 싶었지만, 새 차의 구입을 정당화할 명분이 없었다. 그러던 어느 날 아이들을 축구 연습장에 데려다주던 중 다른 차가 내 차를 들이받았다. 다행히 아이들이나 가해 차량에 탄 사람들은 다치지 않았지만, 나는 차 앞 유리에 머리를 부딪쳐 병원에 실려 갔다. 내가 응급실에서 엑스레이 결과를 기다리고 있는데 경찰관이 사고 보고서를 작성하러 와서 내 차가 완전히 망가졌다고 알려주었다. 나는 속상해하기는커녕 "그럼 이제 BMW를 사도 되겠네요?"라고 물었다. 그러자 경찰관이 "이봐요, 제정신이에요?"라고 반문했다. 나는 "어쩌면요. 뇌진

탕인지 검사하고 있거든요"라고 응수했다. 경찰관은 놀랐을 것이
다. 나는 정말 뇌진탕으로 진단받았다. 그리고 일주일 후에 빨간
색 BMW를 구입했다.

◆ 상황 2

긍정적인 자세가 보상받았던 또 다른 상황도 또렷이 기억난
다. 31년 전 컨설팅 회사를 차린 지 9개월쯤 됐을 때였다. 회사
지분을 50퍼센트 보유한 세 명의 동업자들은 애초에 경영에는
관여하지 않기로 했었다. 그런데 어느 날 그들이 투자금을 회수
하고 싶다는 통보를 해왔다. 그들의 생각만큼 회사가 빠르게 수
익을 창출하지 못하자 회사를 정리하는 것을 해결책으로 본 것이
었다. 몹시 화가 날 수도 있는 상황이었지만, 그들이 회사에서 발
을 빼려는 것이 오히려 내게는 기회로 보였다.

마침 변호사인 친구가 있어서 나는 그와 머리를 맞대고 의논
했다. 우리가 생각해낸 해결책은 세 동업자의 투자금을 2년에 걸
쳐 상환하고 그들이 갖고 있던 지분을 내가 사들이는 것이었다.
모두에게 윈-윈인 합의에 도달한 후 나는 회사에서 빠지고 싶다
는 그들의 바람이 내게 전화위복이 됐음을 깨달았다. 회사를 키
워가는 동안 네 명보다는 한 명의 생계만 책임지는 편이 훨씬 쉬
우니 오히려 잘됐다는 생각이 들었기 때문이다.

그런 긍정적 자세는 결국 보답을 받았다. 그로부터 3개월 뒤, 9개월간 칼럼을 투고했던 개닛Gannett (미국 1위 신문 기업 – 옮긴이)의 한 신문사로부터 내 칼럼을 주 1회 정기 연재하자는 연락을 받았다. 2개월 뒤에는 2만 달러짜리 계약도 따냈다. 가장 좋았던 점은 전 동업자 세 명에게 나쁜 감정이 전혀 생기지 않았다는 것이다. 나는 2년 뒤 그들을 프리랜서로 고용하기까지 했다!

잡지 〈Inc.〉의 객원 편집자 제프리 제임스Geoffrey James는 2014년 8월 29일자 생산성 칼럼에서 '태도가 성공 수준을 규정하고 제한한다'고 주장했다. "낙관적인 태도를 가지면 적어도 어느 정도의 성공은 거둘 수 있다. 반면, 당신의 태도가 부정적이라면 장애물을 위협이나 골칫거리로 여길 것이다. 그러나 긍정적인 태도를 가지면 장애물 앞에서도 흥미 또는 재미까지 느낄 것이다."

나는 이 책을 위해 인터뷰했던 자수성가형 백만장자, 스티브 험블Steve Humble에게 긍정적인 태도가 그의 인생을 어떻게 변화시켰는지 물었다. 그는 상황이 잘 풀릴 때는 긍적적 태도를 유지하기 쉽지만, 진짜 도움이 되는 건 상황이 힘들 때라고 말했다.

스티브는 2008년 금융 위기 당시의 이야기를 들려줬다. 그의 회사인 크리에이티브 홈 엔지니어링Creative Home Engineering도 어려움을 겪은 시간이었다. 사실 한동안은 그의 회사가 살아남을 수 있을지 확신하지 못했을 정도였다. 스티브는 믿을 수 없을 만큼 스트레스가 심했고 당연히 그런 곤란한 상황이 달갑지 않았다. 그는 가족뿐 아니라 직원들과 그 가족들까지 부양해야 한다는 부담감에 짓눌렸다.

상황이 암울하기만 했던 그때, 스티브는 정직하지 못한 행동을 할 기회도 많았지만, 늘 고객에게 아주 진실하게 대해왔다는 사실을 떠올렸다. 그리고 그는 정말로 최선을 다하고 있었다. 설사 모든 게 잘못되더라도 자신의 정직성과 평판은 잃지 않을 것이라는 생각으로 위안을 느꼈다. 그런 한 줄기 긍정적인 마음이 '어떤 일이 닥쳐도 괜찮다'고 생각과 태도를 바꿔 준 덕분에 그는 당시의 곤경에서 벗어나 성공할 수 있었다.

스티브 험블은 긍정적인 업무 환경의 중요성에 대해서도 이야기했다. 2004년 크리에이티브 홈 엔지니어링을 설립하면서 그가 세운 목표 중 하나는 긍정적인 업무 환경을 유지하겠다는 것이었다. 그는 근사한 이력서를 제출한 사람보다, 가까이하고 싶은 사람을 고용하는 데 초점을 두었다. 그 덕분에 긍정적이고 쾌적한 업무 환경에 높은 가치를 두는 사람들을 모을 수 있었다.

보다시피 긍정적 자세는 결국 보상을 가져온다. 또한 스티브가 묘사한 것처럼 예기치 못한 상황이 발생했을 때 도움이 된다.

♦ 긍정적 자세를 유지하는 3가지 조치

1. 부정적인 상황에 직면했을 때 어떻게, 왜 그런 상황이 발생했는지 평가한다. 그런 상황이 발생한 것이 당신 책임이라면 그것을 배우는 기회로 삼는다.

2. '~했으면 됐는데, ~했어야 했는데, ~할 수 있었는데'라고 조언하기보다 기꺼이 이야기를 들어줄 긍정적인 사람에게 자신의 기분을 이야기한다. 상황을 털어놓고 의견을 들을 사람이 있을 때 힘든 상황을 헤쳐 나가기가 더 쉽다.

3. 다른 사람에게 공격적인 감정을 표출하지 않는다. 누군가를 탓하기보다 앞을 바라본다. 긍정적으로 생각한다.

알고리즘 트리거: 일주일 동안 자신이 사용하는 단어들을 모니터링해본다. 말하거나 글을 쓰면서 부정적인 단어를 사용할 때마다 긍정적인 단어로 바꾸어준다.

성공 비결
29

이루고 싶은 게 있다면
체력을 먼저 길러라

미국 질병예방관리센터에 따르면 미국 성인의 20퍼센트만이 신체 활동 권장 사항을 지킨다고 한다. 유산소 운동 지침을 지키는 이는 전체의 50퍼센트, 근력 운동 권장 기준을 충족시키는 사람은 3분의 1 수준이다. 그러나 건강하고 행복하며 생산적인 삶을 추구하는 사람들은 주 1회 이상 운동을 한다. 즉, 성공한 사람들은 반드시 규칙적으로 운동을 한다.

운동을 좋아하지 않는다면, 다시 생각하라. 미국인의 3분의 2처럼 나도 이 책을 쓰기 전까지는 운동을 규칙적으로 하지 않았다고 고백해야겠다. 하지만 체력과 지구력 간에 직접적인 상관관계가 있다는 것을 알게 됐고 지금은 그 사실이 일주일에 다섯 번,

하루에 30분씩 운동을 하는 데 동기 부여가 된다. 하버드 의과대학의 정신과 의사이자《운동화 신은 뇌: 뇌를 젊어지게 하는 놀라운 운동의 비밀》의 저자인 존 레이티John J. Ratey는 단 10분간의 활동 만으로도 뇌에 변화가 생긴다는 것을 알아냈다.

자수성가형 백만장자이자 케슬러 재단Kessler Foundation의 회장 겸 최고운영자인 로저 드로즈Rodger DeRose는 신체 활동이 개인적으로나 직업상으로나 유익하다는 것을 평생 느껴왔다고 내게 설명했다. 사실 신체 활동은 로저에게 제2의 천성과도 같다.

그는 초등학교 시절 풋볼, 농구, 육상, 야구부에 가입하면서 운동을 시작했다. 고등학생 시절에도 같은 종목에서 뛰었다.

하지만 대학에 진학해서는 아르바이트를 하며 수업을 듣느라 단체 경기에 참여할 시간을 낼 수 없었다. 그래도 일상 속에서 체력 단련을 빠뜨리지 않고 매일 운동을 했다.

로저의 경험은 레이티 박사의 연구 결과를 뒷받침한다. 그는 운동이 탄탄한 몸매를 유지해주는 것 외에도 여러모로 유익했다고 말했다. 잠도 잘 잘 수 있었고 기운도 넘쳤다. 스트레스 관리에도 도움이 되고 맑은 정신을 유지할 수 있어서 앞으로 할 일을 잘 구분하고 처리할 수 있었다. 심지어 시간 관리를 효과적으로 해내고 목표를 설정하고 달성하는 데도 도움이 됐다.

성공한 사람들은 신체적으로, 정신적으로 자신을 채찍질하며,

그래서 그들 다수가 자기 한계를 뛰어넘는 운동을 규칙적으로 한다는 로저의 말이 옳았다. 그런 운동은 정신적 각성 상태를 향상시켜주고 신체를 강인하게 만들어준다. 그는 운동이 기분, 기억, 학습 측면에서 뇌에 줄 수 있는 최고의 투자라는 사실을 보여주는 살아 있는 증거다.

♦ 운동을 생활의 일부로 만드는 세 가지 방법

1. 매일 최소 30분 동안 운동할 시간을 지정해둔다.

2. 집에서 떨어진 체육관에서 운동할 거라면 전날 밤에 운동 가방에 운동복을 넣어둔다. 당신이 사는 건물 안에 체육관이 있다면 특정 서랍이나 옷장 한편에 운동복만 넣어둔다.

3. 조깅을 하건 수영을 하건, 체육관에 등록하건 집에서 운동하건, 지금 당장 시작하라! 정신적으로나 육체적으로 활력이 되살아날 것이다. 이는 직접 체험해본 내가 증언해줄 수 있다.

알고리즘 트리거: 30분짜리 운동 루틴(걷기, 유산소, 근력 중 선택)을 매주 월수금 시간표에 넣고 자신의 변화를 지켜본다.

4장

운명을
조종하는
마음의 기술

스스로 운이 좋다고 믿는 것이
곧 행운의 시작이다

단지 운이 좋아서 성공하는 것은 아니다. 그리고 행운은 사고 방식과 상황에 대처하는 방식에 의해 크게 좌우된다.

테네시 윌리엄스Tennessee Williams는 "스스로 운이 좋다고 믿는 것이 곧 행운이다"라고 말했다. 긍정적인 태도는 운 좋은 사람들의 본질적인 특성일지도 모른다.

나는 행운이란, 상황에 반응하는 방식, 즉 태도라는 것을 잘 알고 있다. 긍정적 태도를 지닌 사람들은 창의력을 본인에게 유리하게 활용한다. 내가 거절당하기 직전이었던 한 상황이 떠오른다. 나는 거절당하는 것을 지독히 싫어했기 때문에 창의력을 발휘해보기로 했다.

1989년 1월, 나는 〈데이턴 데일리 뉴스〉Dayton Daily News에 '비즈니스 매너'라는 주간 칼럼을 투고했다. 그 신문사의 편집장이었던 앨런 켈리는 내 칼럼이 가치가 있는 내용이라고 칭찬했지만, 편집부에서는 비슷한 주제로 칼럼을 투고한 또 한 사람을 고려하고 있다고 했다. 나는 편집장에게 칼럼 샘플을 여러 개 보낸 후, 편집부에서 언제 결정을 내릴지 알아보기 위해 한 달에 두 번씩 전화했다.

3월 첫 주 켈리 편집장은 곧 편집부에서 결정을 내릴 것이고 현재 내 칼럼이 2순위라고 알려줬다. 그때 나는 창의력을 발휘하여 내 칼럼이 1순위로 선택되도록 유도할 수 있을지 내 '운을 시험'해보기로 했다. 바로 아일랜드계인 편집장의 정서에 호소해보는 방법이었다. 곧 성 패트릭의 날(아일랜드의 축제일 – 옮긴이)이었으므로 타이밍도 완벽해 보였다!

나는 밝은 초록색 편지지와 봉투를 사서 편집장에게 이런 편지를 보냈다. "오늘날 성공하려면 아일랜드인으로 태어나는 행운 이상이 필요하죠. 비즈니스 칼럼 연재로 독자들이 경쟁력을 갖추는 데 도움을 줄 수 있게 해주시기를 희망합니다." 그런 다음 아일랜드식으로 앤 마리 오사바스라고 서명했다.

어리석은 행동 같을 수도 있지만 어떻게 됐을까? 효과가 있었다!

나는 스스로 행운을 만들어냈다. 내 칼럼이 1순위로 채택되어 그 신문에 4년 동안 연재됐으니 말이다!

성공한 사람들은 스스로의 힘으로 자신의 성공을 만들어낸다. 다른 사람들이 손해라고 인지할 수 있는 상황에서도 기회를 포착해내는 것이다. '스스로 행운을 만들어내는' 그들은 자신감을 바탕으로 행동하며, 단순한 생각, 선행, 심지어 불행까지 기회로 바꾼다. 그들은 나머지 51가지 성공 법칙과 함께 이 '스스로 행운을 만들어내는 법칙'을 실천에 옮긴다. 그리하여 스스로의 힘으로 백만장자가 된다.

지금 소개할 미키 레드와인Mickey Redwine도 그런 사람 중 한 명이다. 그는 36살에 백만장자가 됐다. 미키가 운이 좋아서 성공했다고 말하는 경쟁자들이 많다. 미키도 전적으로 그들의 말에 동의할 것이다. 다만, 그에게 운이란 스스로 행운을 만들어내는 법을 아는 것이라는 전제하에서 말이다! 그는 정말 행운을 만들어낼 줄 안다!

CNBC는 그를 인터넷 붐의 최전선에 있었던 광섬유 분야의 선구자라고 부른다. 그의 회사 다이내믹 홀딩스Dynamic Holdings는 미국 전역에 수천 킬로미터의 광섬유 케이블을 깔았기 때문이다.

다른 운 좋은 사람들과 마찬가지로 그는 계획적으로 인생의 결정을 내린다. 그는 자신이 통제할 수 있는 긍정적이고 절대적인 조건들만 삶에 끌어들인다. 미키는 사람들이 미래를 위해 계획적이고 체계적인 결과를 산출하기를 멈출 때, 그들의 삶은 우연에 맡겨지게 된다고 이야기한다. 스스로 행운을 만들어내는 것과는 상반되는 삶 말이다. 미키의 성공 법칙 중 하나는 《시크릿》과 《매직》을 쓴 론다 번Rhonda Byrne이 주장하는 '끌어당김의 법칙' law of attraction이다.

미키 레드와인은 스스로 행운을 만들어내기 위한 전략으로 다음 여섯 가지를 추천한다.

'내가 해낼 것이다'라는 긍정적인 사고방식을 유지하라. 비록 판잣집에서 자랐지만 미키는 아주 어릴 때부터 자신이 성공하리라는 것을 알고 있었다고 말한다.

자신의 규칙에 따라 행동하라. 입찰보다는 협상을 통해 계약을 따내는 미키 레드와인의 전략을 따라하라.

고객이 원하고, 필요로 하고, 기대하는 대로 당신과 당신의 사업체를 만들어라. 그리고 그들의 기대를 뛰어넘어라. 후원에 대한 감사 표현도 잊지 마라.

날마다 선행 나누기를 하라. 미키는 선행 나누기 원칙에 따라 생활할 뿐 아니라 어려운 사람들이 성공한 인생을 살 수 있도록 격려와 지식을 제공하는 멘토링을 해준다.

불운에 직면했을 때 행운을 다시 만들어내는 데 집중하라. 누구나 살면서 어느 정도의 불운을 겪는다. 미키도 불운에 대해 잘 알고 있다. 월드컴 스캔들(미국 장거리통신업체 월드컴의 대규모 회계 부정 사건 – 옮긴이)로 거의 모든 것을 잃어보았기 때문이다. 간신히 파산을 면한 그는 자신의 특기인 재기에 다시 성공하며 재산을 다시 모았다. 그것이 스스로 행운을 만들어내는 것이 아니면 무엇이겠는가?

대운은 어느 날 갑자기 '운이 좋아져서' 오는 게 아니다. 준비된 사람에게 '흐름'처럼 스며드는 것이다. 한국에도 작고 단순한 루틴으로 삶의 흐름을 바꾼 이가 있다. 바로 부자습관학교의 김새해 작가다. 김새해는 책과 루틴, 명상을 바탕으로 감정과 실행의 균형을 회복시키며, 삶을 주도적으로 정비하는 방식을 전해온 베스트셀러 작가다. 여성가족부 대한민국 여성 대표 멘토로도 활동한 그는 "살아 있는 모두는 운이 좋은 사람이다. 다만 그 운을 감지하고 붙잡는 능력은 훈련될 수 있다"고 말한다.

그녀는 '대운'이란 외부에서 오는 변화가 아니라, 내면의 감정 정리와 작은 습관의 반복에서 비롯된다고 본다. 이를 겨울이 지나 봄이 오는 자연스러운 흐름에 비유하며, 뇌과학적으로도 전전두엽(실행력), 도파민 회로(의욕), 감마파(몰입)와 연결된다는 점을 강조한다.

김새해가 운영하는 '부자습관학교'에서는 하루 5분의 루틴을 통해 감정에 휘둘리던 삶에서 벗어나는 이들이 늘고 있다. 그 작은 변화는 점점 더 큰 기회를 알아보는 감각으로 확장되며, 결국 '어떻게 살아야 진정으로 행복할 것인가'를 감지하는 힘으로 이어진다. 운은 언제나 흐르고 있지만, 준비된 사람만이 그것을 기회로 바꾼다. 김새해는 자기관리와 긍정적인 태도로 오늘도 누군가가 자기 삶의 방향을 찾을 수 있도록 돕고 있다.

근면함과 감사하는 마음을 가져라. 그러면 자신만의 행운을 만들 수 있을 것이다! 그리고 당신의 구체적인 목표에 도움이 되는 환경을 설계하고 조성하라. 그렇게만 하면 성공하게 되어 있다. 당신이 만들어낸 기회를 알아보고, 열정적으로 그 기회를 붙잡아라.

◆ **행운을 만드는 방법 세 가지**

1. 기회를 잡아라. 먼저 대화를 시작하거나, 예상대로 흘러가지 않는 듯이 보이는 상황에 주도적으로 대응하라. 그때부터 당신만의 행운이 만들어지기 시작한다!

2. 새로운 경험을 받아들여라. 때로는 가볍게 한 행동이 행운을 만들어낸다. 당신 뜻대로 되지 않는 일에 실망하기보다 생각을 전환해 그것을 기회로 여겨라.

3. 성공의 바퀴를 돌려라. 그 기회를 잡아라. 행운은 종종 그렇

게 시작된다.

알고리즘 트리거: 매일 아침, 세면대 앞에서 "나는 운이 좋다" 3회 확언해
보자. 단순한 루틴이지만, 뇌가 긍정적 가능성에 집중하도록 만들 수 있다.

부자들이 잠재의식을 조작하는 방법 5가지

성공한 사람들은 스스로 정한 한계 안에서 생활한다. 그들은 시간의 한계를 정해두고, 돈 관리에도 한계를 정해둔다. 그들은 무엇이든 명확한 목표를 설정하여 한계를 둔다.

성공한 사람들이 한계를 두지 않는 것은 오직 한 가지, 잠재력 뿐이다. 이것 만은 최대한 계발하려 한다. 그들은 기존의 경험을 뛰어넘는 사고의 확장을 통해 가능성을 현실로 만든다. 그들은 자신이 원하는 바를 알아낸 다음 노력을 기울임으로써 성공 확률을 높인다. 그들은 그렇게 '가능성은 무한하다'라는 사고방식을 유지하고 발전시킨다.

이민 1세대 미국인은 특히 이런 특성이 강하다. 실제로 'quora.

com'에 따르면 미국의 백만장자 3명 중 1명은 외국 태생이거나 이민 1세대 미국인이라고 한다. 그리고 그들의 80퍼센트가 무엇이든 가능하다는 자신감과 사고방식을 스스로 주입하여 부의 알고리즘을 깨달은 사람들이다.

샤마 하이더Shama Hyder는 9살 때 인도에서 미국으로 이주한 후, 27살의 나이에 백만장자가 됐다. 그녀가 낯설었던 상황에 편안함을 느끼도록 해준 것은 마음가짐과 굳은 결심이었다고 말한다. 가능한 한 최고가 되고 싶었던 마음 덕분에 친구도 문화도 바뀐 외국의 새로운 학교에서도 잘 지낼 수 있었다는 것이다.

우등생이 된 그녀는 굳은 결심 외에도 새로운 사상, 새로운 사람, 새로운 사고방식에 열린 마음을 갖고 있었다. 그 결과 샤마는 결심만 하면 못 이룰 게 없다는 믿음을 갖게 됐다. 자수성가한 백만장자라는 목표의 달성이 그녀에게 어떤 영향을 미쳤느냐는 질문에 그녀는 이렇게 대답했다. "마음만 먹으면 이루지 못할 게 없다는 것을 깨닫게 됐어요. 무한한 가능성을 믿게 됐죠!"

샤마는 '무엇이든 가능하다'는 사고방식이 자신의 글로벌 온라인 마케팅 및 디지털 홍보 회사인 마케팅 젠 그룹The Marketing Zen Group을 성장시키는 데도 아주 중요한 역할을 했다고 말했다. 그녀는 《젠 소셜 미디어 마케팅: 당신에게 필요한 마지막 소셜 미디어 가이드!》The Zen of Social Media Marketing: An Easier Way to Build

Credibility, Generate Buzz and Increase Revenue의 저자이기도 하다.

♦ 무한한 가능성을 열어주는 성장형 사고방식을 채택하는 5가지 방법

1. 식물을 구입하고, 그것을 당신이 발전시키고 싶은 생각이라고 생각한다.

2. 그 식물에 적합한 빛을 쬐어준다. 이처럼 당신이 성장하도록 자극을 줄 사람들과 함께 보낼 시간을 계획하여 당신도 성장에 적합한 환경에 놓일 수 있게 한다.

3. 매일 식물에 물이나 비료, 자연광을 제공한다. 성장형 사고방식을 자극할 수 있는 성공한 사람들에 관한 글을 읽음으로써 당신의 마음에도 영양을 공급한다.

4. 식물이 자라면 더 큰 화분에 옮겨 심는다. 당신도 활동의 범위를 늘려서 성장 잠재력을 키워나간다.

5. 당신의 생각을 현실로 만들기 위한 활동을 매일 한 가지씩 실천하여 성장형 사고방식을 유지한다. 식물의 성장을 무한한 발전 가능성의 척도로 삼는다.

알고리즘 트리거: 지금 나를 가로막고 있는, 스스로 정한 한계를 점검해본다. 그리고 그 한계가 실제로 타당한지 확인한다.

절대 놓치면 안 되는
돈이 들어오는 기회

누구나 주변에 자수성가한 백만장자 한두 명쯤은 있다. 하지만 그들은 겸손할 때가 많아서, 그들이 점진적으로 성장해가는 동안 가족과 친구들이 알아차리지 못할 수도 있다.

그들은 어떻게 백만장자로서의 변신에 성공할까? 대부분의 사람들이라면 무시할 수 있는 기회를 포착함으로써 그들은 앞으로 나아간다. 그들은 독서를 통해 지속적으로 자신을 발전시키고, 함께 어울릴 사람들을 선택하고 그들로부터 '해야 할 일'과 '하지 말아야 할 일'을 배운다.

짐 에이브러햄Jim Abraham의 이야기를 빠뜨리고는 이 책이 완성됐다고 할 수 없다. 그는 자수성가형 백만장자이자 내 외삼촌이었다. 아무도 눈치채지 못했지만 짐 삼촌은 일생 동안 변신을 거듭했다. 그는 식당에서 바닥 청소부터 시작해 팝콘 가판대와 캔디 제조 담당을 거쳐 결국에는 그 식당을 인수했다.

고인이 되신 외삼촌이 40년이 넘는 세월 동안 어떻게 변신해 왔는지를 들려주려 한다. 그런 변화 덕분에 그는 60대에 부동산 투자를 통해 백만장자로 자수성가할 수 있었다.

짐 삼촌은 대단히 근면했다. 그는 1914년 시리아에서 미국으로 건너온 이민자 가정에서 태어났다. 외조부모님이 너무 가난했던 탓에, 크리스마스 아침에 어머니와 짐 삼촌은 오렌지 한 개와 양말 한 켤레를 선물로 받고는 했다는 이야기를 어머니에게서 들었다.

어느 날 7살이었던 짐 삼촌이 친구 두 명과 함께 사탕 가게 옆 골목에서 놀고 있었다. 사탕 가게 주인인 미쉬카 씨는 쓰레기를 버리러 나온 길에 세 아이에게 물었다. "너희 중 누군가가 일주일에 몇 번 가게 일을 도와주겠니?" 말이 떨어지자마자 짐 삼촌은 자신이 하겠다고 했다. 그저 돈을 벌기 위해서였을 뿐, 변신의 길에 들어섰다는 사실을 그는 깨닫지 못했을 것이다! 삼촌은 부모님의 허락을 받고서 9년 동안 일주일에 며칠씩 하교 후에 사탕 가게에서 일했다.

삼촌은 가족의 생계에 보탬이 되려고 학교를 그만두고 미쉬카 씨에게 자신이 일하는 시간을 늘려줄 수 있는지 물었다. 그것도 하나의 변신이었다! 미쉬카 씨는 더 많은 시간을 일하게 해주었을 뿐 아니라 팝콘 기계를 사서 사탕 가게 앞에 판매대를 만들고 짐 삼촌의 이름을 거기에 써주었다. 또 한 번의 변신이었다!

미쉬카 씨는 시급 외에도 팝콘 판매 수익의 50퍼센트를 짐 삼촌에게 주었다. 또 한 번의 변신이었다! 2년 뒤 세계 2차 대전이 발발했다. 짐 삼촌은 군대에 입대하면서 가족과 친구, 미쉬카 씨와 그의 팝콘 판매대에 작별을 고했다. 변신이었다!

1944년 삼촌은 오하이오, 애머스트로 돌아왔다. 삼촌은 미쉬카 씨에게 인사를 하러 갔고 그는 삼촌을 두 팔 벌려 환영하며 다시 사탕 가게에 나와 일하라고 했다. 그뿐 아니라 가게를 경영하는 법까지 알려줬다. 변신이었다!

삼촌은 일찍 나와서 가게 문을 열었다. 또한 초콜릿을 입힌 대추야자와 캐러멜 캔디를 만드는 방법뿐 아니라 손님을 응대하는 법도 배웠다. 변신이었다!

2년 뒤 미쉬카 씨는 짐 삼촌에게 사탕 가게를 인수할 의향이 있는지 물었다. 삼촌은 뛸 듯이 기뻤고 이런 기회가 찾아온 행운이 믿기지 않았다. 짐 삼촌과 미쉬카 씨는 두 사람 모두가 만족하는 인수 금액에 합의했다.

어느 해 명절에는 다른 도시로 사탕을 배송해달라는 요청이

쐐도했다. 명절을 보낸 후 짐 삼촌은 자신이 통신 판매 인해 사업을 시작했다는 것을 깨달았다. 변신이었다! 통신 판매로 1948년에는 2만 달러를 벌었다. 현재 가치로 환산하면 20만 6천 달러에 상응하는 금액이었다.

그런데 변호사였던 친구로부터 "짐, 부자가 되고 싶으면 땅에 투자해."라는 조언을 들었다. 그 해 연말에 삼촌은 사탕 가게의 수익금 중 2만 달러를 농지 몇 에이커를 사들이는데 사용했다. 변신이었다! 삼촌은 몇 년에 한 번씩 계속 땅을 사들였고, 언젠가부터 사탕 가게 주인으로 불리지 않게 됐다. 그는 부동산 부자가 되었다!

몇십 년 후, 상업용 부동산 개발 회사에서 짐 삼촌을 찾아왔다. 그들은 쇼핑센터 개발을 위해 삼촌의 토지 일부를 구입하고 싶다고 했다. 삼촌은 그들에게 땅을 팔지 않았다. 대신 그들에게 부지를 임대해 주는 소유주로 남았다. 마지막 변신이었다!

♦ 스스로 변신을 꾀할 세 가지 방법

1. 지금까지 달성한 발전이나 변신을 적어본다. 아마 이직, 학위 취득, 직업 변경, 멘토로 생각하는 사람과의 만남 등이 될 것이다.

2. 5개년, 10개년, 15개년 계획을 적어본다. 그 옆에 그 목표들

을 달성하려면 어떤 변신이 필요할지 적어본다.

3. 중대한 변신을 할 때마다 자축한다. 긍정적인 사고방식으로 계속 앞으로 나아가게 될 것이다.

알고리즘 트리거: 현재 내가 가진 능력 중, 시장에서 더 큰 기회를 만들 수 있는 것을 하나 선택하고, 그것을 살릴 수 있는 직무, 사이드 프로젝트, 혹은 새로운 커리어 계획을 수립한다.

부자들은 대운을
'이렇게' 끌어왔다

변화의 중요성을 잘 알았던 헨리 포드는 이렇게 말했다. "항상
해왔던 대로만 한다면, 항상 똑같은 결과만 얻게 될 것이다."

자수성가한 백만장자들은 변화에 대처하는 데 능하다. 사실
그들 다수는 변화가 있을 때 오히려 더 번창한다. 그들은 변화하
는 상황에 의문을 제기하는 대신에 변화의 원인이 무엇인지 알아
낸 다음 해결책을 내놓으며 앞으로 나아간다. 거스를 수 없는 변
화를 되돌리려고 노력하다 정체되는 사람들과는 확연히 다른 대
처 방식이다.

이 책을 위해 인터뷰했던 자수성가형 백만장자인 조 팔코Joe
Palko는 25살에 백만장자가 됐다. 그는 2000년 동업자인 스콧 산

필리포Scott Sanfilippo와 함께 온라인으로 반려동물용품을 판매하는 회사를 설립했다. 6년 뒤 그들의 회사는 미국 내 최대 반려동물용품 공급업체 가운데 하나가 됐고, 2006년 회사를 닥터스 포스터 앤 스미스Drs. Foster and Smith에 매각했다.

조는 성공의 주요인으로 '변화의 수용'을 꼽는다. 2000년에는 사업이 수익성이 있었지만, 6년 뒤에는 온라인 사업 마진이 감소하기 시작했다. 동일한 제품들을 판매하는 온라인 경쟁사들이 늘어난 탓이었다. 게다가 경쟁사들은 시장 점유율을 높이기 위해서라면 제품을 원가 이하로 판매하기도 했다.

그 즉시 두 사업가는 변화를 인정하고 자체 브랜드 반려동물 사료와 액세서리를 개발했다. 그들의 브랜드는 반려동물용품점에서 살 수 있는 어떤 제품보다도 독특하고 품질도 좋았다. 변화를 수용하지 않았다면, 매출이 계속 감소했을 거라고 그는 말했다. 다행히 그들의 사료는 큰 성공을 거뒀다.

반려동물 산업을 포함한 모든 산업에서 고객들은 대체로 브랜드 충성도가 매우 높다. 그들이 개발한 사료가 고급 브랜드로 자리 잡으면서, 그들은 반려동물이 살아 있는 동안, 때로는 고객이 살아 있는 동안 반복되는 주문을 보장받게 되었다.

◆ 변화를 수용하는 방법 세 가지

1. 직장 생활 중 변화에 직면했을 때 그로 인해 어떤 이득이 있을지 자문해본다. 긍정적인 면에 집중하면 두려움이 줄어들 것이다.

2. 변화에 유연하게 반응하는 사람들과 변화에 대해 논의할 시간을 갖는다. 브레인스토밍을 하다보면 새로운 일 처리 방식에 대한 망설임이 사라지는 경우가 많다.

3. 과거의 변화에 직면해 그것을 받아들일 수밖에 없었던 때를 되돌아본다. 그때 어떤 이득이 생겼는지 적어본다. 이런 연습은 앞으로 직면하게 될 변화에 긍정적인 마음가짐을 갖도록 해줄 것이다.

알고리즘 트리거: 예고 없이 다가오는 변화나 트렌드에 대비하기 위해, 지금 내가 속한 업계나 커리어에서 일어나는 변화를 알려주는 채널을 찾아 구독한다.

감사는 운을 부르는
가장 빠른 방법이다

열정의 발견, 변화의 수용, 근면함의 유지처럼 '감사하는 마음'을 갖는 것은 자수성가한 백만장자들의 중요한 습관이다. 나는 이 책을 위해 인터뷰한 사람들로부터 '감사하는 마음'이 얼마나 중요한지를 듣고서 정말 놀랐다.

스콧 윌하이트Scott Wilhite는 《일상의 행복을 위한 7가지 핵심 기술》The 7 Core Skills of Everyday Happiness에서 감사한 마음을 갖고 행복감을 표현하는 것이 인생에서 가질 수 있는 가장 훌륭한 기술이라고 주장한다. 그는 "감사와 불행을 동시에 느낄 수는 없다"라는 말을 가장 좋아한다고 말한다.

감사함을 표현하는 사람은 행복할 뿐 아니라 긍정적이라는 사실은 여러 연구를 통해 증명됐다. 그들은 자신에게 부족한 것보다 가진 것에 집중한다. 그들은 다른 사람이 베풀어준 사소한 행동에도 감사를 표한다. 그것이야말로 감사의 진정한 의미를 보여주는 행동이 아닐 수 없다.

감사할 줄 아는 사람은 삶에 대한 열정이 있다. 그들은 감사하는 자세로 하루를 시작한다. 안락한 삶은 당연하게 여겨지기 쉽지만, 이 책을 위해 인터뷰한 백만장자 중 여러 명은 늘 감사해야만 한다는 사실을 스스로 되새긴다고 말했다.

이런 감사의 자세는 곧 하루 종일 행동으로 이어진다. 일을 잘한 팀원에게 고마워하고, 거래해주는 고객에게 감사를 전하고, 불만 사항을 접수한 사람들을 감사히 생각하고, 다른 사람을 칭찬해주고, 저녁 식사 중에 휴대폰을 사용하지 않는 가족에게 감사하게 된다. 이런 행동으로 긍정적인 면이 강조되다 보니 이들의 환경은 더 즐겁게 생활하고 일할 수 있는 곳이 된다. 또한 이렇게 인정받은 사람 역시 감사함을 느끼게 된다.

감사하는 태도는 삶의 부족한 부분만 생각하는 것과는 다르다. 성공한 사람들은 자신이 가진 것들과 좋은 상황을 강조한다. 그들은 부정적인 상황이 닥칠 때 분노만 느끼고 있지 않는다. 대신 부정적인 상황을 경각심을 일깨워주는 상황으로 해석하고 거기서 배움을 얻도록 한다. 다시 말해 상황이 예상대로 흘러가지 않을 때도 긍정적인 태도를 유지한다.

자수성가한 백만장자들은 물질주의자라는 오해를 받는다. 사실 그들은 호화로운 삶을 살 자격이 있다. 하지만 그들이 남들에게 베푸는 풍요로운 삶은 외부에서는 잘 안 보일 수 있다. 그들은 가족이나 건강처럼 돈으로 살 수 없는 것들을 가졌다는 감사함, 그리고 남들에게 베풀 능력이 된다는 만족감으로 정신적 풍요를 느낀다. 어떤 식으로 표현하든 다른 사람에게 건네는 진심 어린 감사는 결국 베푸는 사람의 삶을 풍요롭게 만든다.

'집중하는 것은 발전한다'라는 말이 있다. 감사하는 마음에 집중할 때 감사의 마음이 커지는 경향이 있다. 이것이 바로 풍요의 법칙law of abundance이라고 불리는 자연법칙이다.

이 긍정적인 사람들의 또 다른 특징은 '잔이 반이나 비었다'는 사고방식 대신 '잔이 반이나 찼다'는 사고방식을 갖고 있다는 것이다. 부정적인 상황에서 긍정적인 면을 보지 못하는 사람이 대부분인 반면에, 자수성가한 백만장자들은 그 반대로 스스로를 조건화시켜왔다. 그들은 부정적인 상황에도 감사하도록 스스로를 훈련한다. 교훈을 배울 수 있는 상황으로 여기기 때문이다. 이것이 인생에서 원하는 것을 얻는 데 성공한 사람과 실패를 학습 경험으로 보지 못하고 굴복하는 사람들 간의 차이점이다.

당신은 매우 부정적인 상황에서도 감사하는 마음을 얼마나 가지고 있는가? 제한 속도 이상으로 운전하다가 교통 법규 위반 딱지를 떼일 때 당신은 어떤 기분인가?

지나친 낙천주의자처럼 보일 위험을 무릅쓰고, 내가 과속 딱지를 받고 감사했던 이야기를 들려주려 한다. 약 20년 전 나는 좋아하는 라디오 방송국에서 흘러나오는 노래를 들으며 고속도로를 달리고 있었다. 변명이 될 수는 없지만 나도 모르게 제한 속도를 24km나 초과해서 달렸다. 얼마 지나지 않아 경찰차 한 대가 경광등을 번쩍이며 뒤에서 나타났다. 차를 세우라는 뜻임을 알아차린 나는 갓길에 차를 세웠다.

경찰관이 내 차로 다가오더니 과속 사실을 알고 있냐고 물었다. 나는 몰랐는데 적발해줘서 고맙다고 말했다. 비꼬는 말이 아니었다. 속도위반 딱지를 받지 않도록 무마해보려고 꾸며낸 말도 아니었다. 진심에서 나온 감사 인사였다. 제한 속도 이상으로 달린 나 자신에게는 짜증이 났지만, 나를 적발한 경찰관에게는 감사했다. 그는 자신의 임무를 성실히 수행했으니까. 구간에 따라 고속도로의 제한 속도가 다르므로 좀 더 유의해야 한다는 교훈을 비싸게 얻었다.

자기 삶에 주어진 것들에 늘 감사하는 사람들은 결국 더 좋은 일을 이끌어낸다. 인생의 좋은 일과 예기지 못한 일 모두에서 긍정적인 면을 보게 되는 변화가 생기는 것이다.

이 책을 위해 인터뷰한 자수성가형 백만장자인 버니 라잇지 Bunny Lightsey는 남편과 함께 백만장자가 됐을 때 "신이 나를 얼마나 축복해주셨는지 깨닫게 됐어요"라고 말했다.

♦ 감사하는 마음을 실천하는 세 가지 방법

1. 감사 일기를 쓰기 시작한다. 당신이 가진 것 중에서 감사함을 느끼는 것들을 적어본다. 물건뿐만 아니라 사람도 포함시킨다.

2. 일기에 적은 사람들에게 감사 인사를 한다. 그날 하루 당신의 삶에 영향을 준 사람들에게 이메일을 보내거나 손으로 쓴 쪽지를 건넨다. 당신의 표현에 그들이 감사할 것이다.

3. 도움은 가정과 직장에서도 받는 것이다. 가까운 사람들의 도움일수록 당연시하기 쉽다. 가족과 동료들에게 매일 감사하는 마음을 갖는다. 그들이 보내주는 정서적, 지적, 영적, 신체적 지원에 당신이 얼마나 감사하고 있는지 표현한다.

알고리즘 트리거: 하루를 마무리하기 전, 스마트폰 메모 앱이나 다이어리에 '오늘 감사한 일 3가지'를 적는다. 한 줄 씩이면 충분하다.

현실을 내 편으로 만드는
3단계 시각화 공식

이것은 운동선수들이 쓰는 방법이며 동종요법(인체에 질병 증상과 비슷한 증상을 유발시켜 치료하는 방법 – 옮긴이) 치료사들도 추천하는 방법이다. 자수성가한 백만장자들 역시 하루에도 몇 번씩 이 방법을 활용한다. 바로 잠시 후에 할 행동을 마음속으로 그려보고, 이내 행동으로 옮기는 것이다.

시각화는 간단하다. 현실로 만들고 싶은 것을 머릿속으로 떠올리고 그대로 실행에 옮겨나가면 된다. 강인한 성격을 가진 사람일수록 시각화한 것을 몇 주, 몇 개월, 몇 년 더 빨리 실현해낸다.

'누구나 쉽게 실천할 수 있는 방법이라면 왜 실천하는 사람이 드물까?'라는 의문이 들 수 있다. 혹시 시각화라는 마법의 과정을 생활화하지 못한 사람이라면 시각화가 어떤 작용을 하는지 잘 보여주는 아래의 사례들을 읽어보라.

♦ 토머스 콜리가 실천한 시각화 방법

이 책을 위해 인터뷰했던 네 번째 자수성가형 백만장자인 토머스 콜리Thomas Corley는 세 단계로 자신의 꿈을 실현해나갔다고 설명했다. 첫째, 꿈을 명확히 한다. 둘째, 그 꿈의 이면에 있는 목표들을 명시한다. 셋째, 매일 그 목표들을 추구함으로써 자신이 원하는 바를 실현한다.

- **1단계**: 꿈을 명확히 한다. 토머스는 전국에 방영되는 TV 방송에 출연하겠다는 꿈을 정했다.
- **2단계**: 꿈의 이면에 있는 목표들을 명시한다. 토머스의 목표는 그가 조사한 부자가 되는 습관을 알리고 자신의 책을 홍보하는 것이었다.
- **3단계**: 매일 목표들을 추구한다. 토머스는 그 꿈을 실현하기 위한 노력의 일환으로, 3년 반 동안 방송국에 약 25,000번 트윗을 보내 자신을 홍보했다.

♦ 꿈을 이룬 토머스 콜리

2013년 6월 토머스의 트윗 중 하나가 야후 파이낸스의 프로그램, 〈파이낸셜리 핏〉Financially Fit을 진행하는 파누쉬 토라비Farnoosh Torabi의 눈에 띄었다. 그해 6월 16일에 공개된 이 인터뷰는 하루 만에 200만 회 이상의 조회 수를 기록했다. 이에 주목한 CBS는 토머스에게 보스턴 스튜디오에 직접 출연해달라고 요청했다. CBS와의 인터뷰가 2013년 11월 보스턴에 방송되었고, 그 이후 미국과 캐나다의 다른 지역 방송국에서도 해당 방송이 방영되었다. 그 후 토머스는 〈CBS 이브닝 뉴스〉에 출연했고, 수천만 명이 그 방송을 시청했다. 그 결과 그의 책은 수없이 많이 팔렸다.

콜리는 기립박수를 받을 만하다. 시각화는 단 3단계만 따르면 되는 쉬운 방법이지만 결코 저절로 되는 것은 아니다.

♦ 앨런 샌포드의 시각화 법칙: 기대하는 대로 행동하기

앨런 샌포드는 세 번째 성공 법칙(좋아하는 일로 먹고사는 사람들의 3단계 전략)에 등장했던 인물이다. 이제 이 자수성가형 백만장자가 집을 팔기 위해 어떻게 시각화를 활용했는지 살펴보자.

앨런과 아내는 첫 아이가 태어난 후에 집을 장만했고, 그 집에서 두 딸을 키웠다. 그로부터 48년 후 딸들은 결혼해서 각자의 가정을 꾸렸다. 아내가 세상을 떠난 후에도 몇 년 더 그 집에서 살았던 앨런은 자신들의 보금자리였던 집을 팔기로 결심했다. 그런데 50년 이상 리모델링을 하지 않은 낡은 집이라는 점이 문제였다.

그러나 그로 인해 스트레스를 받는 대신에 그는 집을 잘 팔아 줄 부동산중개사를 찾았다. 집을 팔아서 생길 목돈은 두 딸에게 나눠줄 작정이었다. 앞마당에 '매물' 표지를 세운 다음 날부터 그는 마치 집이 팔린 듯이 행동했다. 그는 아내와 함께 그 집에서 딸들을 키우면서 정말 행복했다는 짧은 편지를 딸들에게 썼다. 앨런은 편지를 쓴 날짜에서 3개월 뒤를 발행일로 명시한 수표도 한 장씩 동봉했다.

2주 후 집을 구매하겠다는 사람이 나타났다. 마치 아내가 도와준 것만 같았다. 4년 전에 세상을 떠난 아내의 생일이었던 7월 14일에 구매자가 나타났기 때문이다. '기대하는 대로 행동하기'가 가져온 효과였다!

당신은 여전히 시큰둥할지도 모르겠다. 아직 시각화의 힘에 대한 확신이 들지 않는다면 다음 이야기를 계속 읽어보라.

♦ 내가 경험한 시각화의 힘

1992년, 내 첫 번째 책《비즈니스 에티켓 정리》Business Etiquette in Brief가 출간됐을 때 나는 일부러 저자 증정본 한 권을 식당 장식장 맨 위 칸에 올려두었다. 그리고 그 옆에 오프라 윈프리의 책

《로지의 주방》In the Kitchen with Rosie을 나란히 두었다.

그날 오후 학교에서 돌아온 아이들은 크리스털과 은그릇 옆에 책 두 권이 놓인 것을 보고 의아해하며 왜 책을 거기에 두었는지 내게 물었다. 나는 〈오프라 윈프리 쇼〉에 초대 손님으로 나가는 내 모습을 상상하기 위해서라고 진지하게 대답했다. 그때까지만 해도 아들과 딸은 시각화의 힘을 이해하지 못했기에, 내가 정신이 나갔다고 생각했다.

그 후 4년 동안 윈프리의 책과 내 책은 나란히 놓여 있었다. 나는 책을 눈에 가장 잘 뜨이는 자리에 계속 두었다.

1996년 늦가을의 어느 날 나는 집에서 그날 안에 신문사로 보내야 할 주간 칼럼을 쓰고 있었다. 비서 수지에게는 아주 긴급한 일이 아니면 전화도 하지 말라고 일러뒀다. 그런데 오후 2시쯤 전화가 울렸다. 수지의 전화였다. 내가 당장 통화해야 할 곳이 있다고 했다. 다음날 전화하면 안 되겠냐는 나의 말에 그녀는 당장 전화해야 한다면서 지역 번호 312번으로 시작되는 전화번호와 통화할 사람의 이름을 불러줬다. 내가 회사 이름을 묻자 그녀가 '하포 프로덕션'Harpo Production이라고 대답했다. 나는 그게 어떤 회사냐고 물었다. "철자를 거꾸로 하면 오프라잖아요!"라는 수지의 외침이 들려왔다. 오프라 윈프리 쇼의 프로듀서가 나를 초대 손님으로 섭외하려고 전화했던 것이었다!

어떻게 된 일이냐고? 이것이 바로 시각화의 효과다! 처음엔 미심쩍어했던 내 아이들도 이제는 시각화의 효과를 굳게 믿는다. 당신도 그렇게 될 수 있기를 바란다! 당신의 바람을 이룰 준비가 됐는가? 시각화의 힘을 통해 실현해나가도록 하라.

꿈을 명확히 하라. 다만 그 꿈은 모두에게 유익한 것이어야만 한다. 다음으로 그 꿈의 이면에 있는 목표들을 적어라. 명확한 용어로 목표를 써라. 그리고 당신의 바람을 보여주는 사진을 찾아 매일 볼 수 있는 장소에 놓아둠으로써 그 꿈을 현실화하기 시작하라. 그리고 이미 그 목표를 이룬 듯이 행동하라.

알고리즘 트리거: 매일 아침 3분간 자신이 원하는 미래의 모습을 생생하게 시각화하고, '이미 그 삶을 사는 사람처럼' 하루를 보내도록 한다. 그 목표를 이미 이룬 사람처럼 옷차림, 말투, 행동 하나하나까지 맞춰나간다.

50번 넘게 읽은 책에서
가장 중요하게 배운 한 가지

당신이 이해하지 못한 내용에 관한 질문이든 또는 부탁의 말이든 성공한 사람들은 망설이지 않는다. 그냥 질문한다!

내가 가장 좋아하는 책 가운데 한 권인 마크 피셔Mark Fisher의 《백만장자 키워드》를 처음 읽었던 때가 기억난다. 나는 25년 전에 처음으로 그 책을 읽었고 그 후로도 50번을 더 읽었다(농담이 아니다).

그 책에서 얻은 수많은 교훈 중 하나가 질문하기를 두려워하지 말라는 것이었다. 이 교훈이 실제로 도움이 됐던 구체적인 사례를 들려주려고 한다.

나는 오하이오 주립대학을 졸업한 후 다음 학년도에 스페인어 교사 자리가 비는 고등학교 여섯 군데에 이력서를 보냈다. 이력서를 보내고 일주일 후에 면접 약속을 잡기 위해 각 교육청으로 전화했다.

그런데 한 교육청의 직원으로부터 내 이력서가 접수되지 않았다는 날벼락 같은 대답을 들었다. 그곳이 내가 가르치고 싶었던 교육구 1순위였기 때문에, 부교육장실 직원이었던 그녀에게 이력서를 다시 보내도 되는지 물었다. 이번에는 수신인을 그녀로 하겠다고 했다. 그렇게 하라는 대답을 듣고 나는 이력서를 다시 보냈다.

나흘 뒤 나는 부교육장실로 전화했다. 나의 새로운 친구(적어도 내 마음속으로는)를 바꿔 달라고 해서 내 이력서를 받았냐고 물었다. 그녀는 이력서는 받았지만 면접 일정을 잡을 필요는 없을 것 같다고 말했다. 바로 그 순간 부교육장이 한 스페인어 교사 지원자와 2차 면접을 하고 있다는 것이었다.

그 시점에서 잃을 것이 없었던 나는 이렇게 물었다. "저는 신시내티로 이사 온 지 일주일밖에 안 됐고, 이 학군이 제 취업 희망지 1순위입니다. 제가 부교육장님과 면접을 볼 때까지 합격자 결정을 보류해 달라는 쪽지를 면접장 문 아래로 넣어주시겠습니까? 저를 도와주신다면 영원히 감사드릴 겁니다."

아무런 대답이 없었다. 5초가량의 침묵이 마치 영원처럼 느껴졌다. 마침내 그녀가 한숨을 내쉬더니 내 부탁을 들어주겠다고 했다. 나는 거듭해서 감사를 표했고 부교육장이 내게 면접을 허락해주셨는지 다음 날 전화로 확인해도 되겠냐고 물었다.

두 시간 후에 전화 벨이 울렸다. 그녀였다. 그녀는 다음 날 아침 8시 정각에 교육청으로 오라고 했다.

나는 다음 날 아침 7시 45분에 새 친구에게 선물할 초콜릿 한 상자를 들고 교육청에 도착했다. 그리고 부교육장을 만나서 채용 조건을 듣고 내가 왜 그 교육청에서 일하고 싶은지 설명했고, 합격 통보를 받았다. 나는 첫 직장이었던 그곳에서 6년 동안 일했다. 질문은 확실히 득이 된다!

◆ 도움을 청할 용기를 북돋아주는 세 가지 방법

1. 당신이 도움을 요청하려는 사람의 입장에서 생각해본다. 누군가로부터 똑같은 부탁을 받았을 때 두 번 생각할 것 없이 도울 거라면 무엇을 기다리는가? 요청하라!

2. 선행을 베푼다. 아무런 대가를 기대하지 않고 다른 사람에게 자발적으로 호의를 베푼다. 당신의 관대한 호의를 입은 사람은 당신에게 고마움을 느낄 것이다. 그리고 당신이 도움을 청할 때 기꺼이 도와줄 것이다.

3. 신세를 진 일보다 호의를 베푼 일이 더 많게 하라. 타인을 돕

는 관대함이 당신이 필요할 때 도움을 청할 수 있는 자신감을 선사할 것이다.

알고리즘 트리거: 반대로 내가 누군가로부터 질문을 받았을 때의 기억을 떠올려보자. 아마 나쁜 기분은 아니었을 것이다. 내가 질문을 던질 상대방도 나를 도와주고 싶어한다는 믿음을 갖자.

WHAT SELF-MADE
MILLIONAIRES
DO THAT
MOST PEOPLE DON'T

5장

삶을 뒤흔드는 태도 혁명

성공 비결
37

기초수급자에서 백만장자가 되기까지
: 주도적 자세

인생이 던져주는 불쾌한 상황이나 자신도 모르게 자초한 위기에 맞서려면 강인하고 자신감 있는 사람이 되어야 한다. 예기치 못한 도전에 맞서기 위해서는 강한 의지력 또한 필요하다. 마음이 약한 사람들은 주도적인 자세를 가질 수 없다. 아마 '주도적 자세'가 자수성가한 백만장자의 특성 중에서도 특히 핵심적인 성공 법칙인 이유가 바로 그 때문일 것이다.

이 책을 위해 인터뷰했던 자수성가형 백만장자인 사리안 부마Sarian Bouma는 참으로 주도적인 삶을 살았다. 자서전《기초수급자에서 백만장자로의 변신: 승자의 정신》Welfare to Millionaire: The Heart of a Winner에서 털어놓은 것처럼, 그녀는 아프리카, 시에라리온에

193

서 미국으로 건너온 후 5년 동안 전혀 예상하지 못한 경험들을 했다. 그녀는 '자유의 땅'으로 건너온 뒤 커뮤니케이션을 공부할 작정이었다. 십 대 시절에 고국에서 라디오와 텔레비전 프로그램을 통해 명성을 얻은 경험이 있었기 때문이었다.

그러나 미국에 온 후 5년 동안 그녀는 백마 탄 왕자라고 믿었던 사람과 결혼해 아이 한 명을 낳고, 곧 이혼을 한 뒤 급기야 기초수급자로 전락하고 말았다. 푸드 스탬프가 부족한 탓에 분유를 살 수 없어서 아기에게 물을 먹어야만 했던 그 날, 그녀는 주도적으로 인생을 살기로 결심했다.

사리안은 과거를 떨쳐버리고 자신의 인생을 책임지기 시작했다. 사회복지사를 만났을 때 복지센터에서 제공하는 은행원 훈련 프로그램에 지원해보라는 권유를 받았고 그 조언에 따랐다.

훈련 과정을 수료한 후 그녀는 은행 창구 직원으로 근무했고, 몇 년 뒤에는 신용조합 간부가 됐다. 그사이에 만난 두 번째 남편은 그녀가 똑똑하고 근면하며 일에 대한 책임감도 강한 사람이라는 걸 알아봤다.

사리안의 남편은 그녀에게, 자신이 잘하는 일로 사업을 해보라고 권했다. 남편의 조언을 곰곰이 되새기던 그녀는 미국에 온 직후 5년 동안 가정집과 상업용 건물을 청소하며 고객들에게 칭찬받았던 기억을 떠올렸다.

그녀는 먼저 소상공인 창업 자금 대출을 신청하면서 언젠가는 미국 대통령 집무실 청소도 맡고 말겠다는 포부를 지원서에서 밝혔다. 그로부터 4년 뒤 정말로 그녀는 대통령 보좌관들이 일하는 행정부 신청사의 청소 계약을 따냈다.

사리안 부마는 1987년 6월 캐피털 힐 빌딩 관리 회사Capitol Hill Building Maintenance Inc.를 설립했다. 상까지 수상한 그녀의 회사는 매출이 수백만 달러나 되며 직원도 200명이 넘는다.

30대 중반에 백만장자로 자수성가한 사리안은 자신의 가장 큰 장점으로 끈기를 꼽는다.

♦ 자기 인생을 통제할 수 있게 해주는 세 가지 법칙

1. 자신의 강점과 약점을 파악한다. 자신의 강점에 집중하고 약점은 점진적으로 강점으로 바꿔나가도록 한다.

2. 긍정적인 자아의식을 갖는다. 자존감과 자신감을 향상시키는 책을 읽는다. 그러면 인생의 기로에 섰을 때 자기 결정을 미심쩍어하는 대신 결단력 있게 행동하게 될 것이다.

3. 생각이 너무 많은 '분석 마비'analysis paralysis 상태를 피한다. 대신 예기치 못한 상황을 통제해야 할 기한을 스스로 정하라. 대개 최악의 상황은, 결정을 내리지 못하는 것이다.

알고리즘 트리거: 내 강점 3가지와 약점 3가지를 노트에 적는다. 강점은 매주 강화할 계획을 세우고 약점은 필요한 도움이나 훈련을 통해 개선 방안을 마련한다.

부자들은 절대
멀티태스킹 하지 않는다

집중하는 것은 겉보기에 쉬워 보일 수 있지만 이것이 완전히 몸에 밸 때까지는 어려운 일이다. 성공한 사람들은 한 번에 한 프로젝트에 집중하는 것이 시간도 훨씬 덜 걸리고 힘도 확실히 덜 든다는 사실을 잘 알고 있다.

멀티태스킹을 하는 사람은 몇 가지 일을 동시에 하고 있으므로 더 생산적이라고 착각하는 오류를 범할 수 있다. 그들은 업무를 처리하다 이메일 수신 알람이 울리면 이메일을 읽고 답장을 보낸 후에 다시 처리 중이었던 업무를 다시 들여다본다. 하지만 10분이 채 지나지 않아 문자가 오면 하던 일을 중단하고 답장부터 한 다음에 업무를 본다. 결과적으로 업무 처리에 2~4배의 시간이 걸린다! 또한 일에 대한 좌절감까지 느낄 수 있다.

최근의 사례를 하나 들어보자. 고객사인 한 에너지 회사에서 훈련 프로그램을 진행하고 있을 때였다. 프로그램에 참석한 고객 관리 부장들에게 그들의 직책에서 가장 스트레스가 많은 부분이 무엇인지 물었다. 그러자 여러 사람이 하루 업무를 처리하기에 급급하다는 점을 들었다. 마감 업무부터 고객들의 불평 전화와 다른 부서에서 온 이메일 등으로 이리저리 끌려다니다 근무 시간이 끝나버린다는 느낌이 든다는 것이었다.

그때 경험 많은 부장 한 명이 동료들에게 해결책을 내놓았다. 그는 TV 연속극 〈매시〉에 나오는 찰스 윈체스터의 말을 상기시켰다. "한 번에 한 가지만 해. 그것을 잘 끝낸 다음에 다음 일로 넘어가"라는 현명한 조언이었다. 그의 동료들 대다수는 큰 깨달음을 얻은 듯한 반응을 보였다. 그들은 이메일이나 전화가 올 때마다 파블로프의 개처럼 반응하지 않아도 된다는 것을 깨달은 것이다. 모든 알림 소리에 반응하기 보다는 한 번에 한 가지 일에 집중해 이를 먼저 잘 끝낸 다음에 다음 일로 넘어가는 것이 시간을 효율적으로 쓰는 방법임을 알게 된 것이다.

당신을 산만하게 만드는 자극들에 끌려다니는 대신에 집중력을 정복하고 성공한 사람들처럼 행동하라. 가장 간단한 방법 중 하나는 모든 알림 설정을 미리 해제해두는 것이다. 그렇게 소음과 사람들로부터의 자극에서 벗어난 환경을 조성하라. 반사회적인 사람이 되라는 것이 아니라 자신이 가장 집중할 수 있는 시간과 장소를 정해두라는 것이다.

또한 자신과의 약속을 잡도록 하라. 혼자만 있을 날짜와 시간(시작 및 종료 시간), 장소를 정해두라. 온전히 집중해야 할 업무도 구체적으로 정해둔다. 그리고 어떤 것도 이 '집중 시간'을 방해하지 못하도록 한다. 달성하고 싶은 목표가 구체적일수록 이 집중 시간의 생산성은 더욱 높아질 것이다.

나는 쉽게 주의가 분산되기 때문에 새벽 4시 30분경을 집중 시간으로 계획했다. 잠에서 깨면 커피를 내리고 개를 마당으로 내보낸다. 5시에는 서재로 가서 7시 30분까지 그날 끝내야 할 업무 중 가장 힘든 업무를 처리한다. 방해받지 않고 2시간 30분 동안 몰입했을 때 얼마나 많은 일을 할 수 있는지가 정말로 놀랍다.

남편과 함께 자수성가한 백만장자 크리스틴 수자Kristen Souza도 순자산 700만 달러의 부를 달성하는 데 집중력이 얼마나 중요한 역할을 했는지 모른다고 이야기했다. 그녀는 산만함, 방해 요인, 시간을 낭비하는 습관으로 인해 가장 중요한 일을 못 하는 경우가 생기지 않도록 늘 경계한다고 말한다. 이 성공 법칙이 그들에게 효과가 있었던 게 분명하다. 하와이 태생인 부부는 세계적으로 인정받는 수제 우쿨렐레 산업의 대표 주자가 됐으니 말이다.

'집중력 유지'가 아직 습득하지 못한 성공 법칙이라면 다음의
네 단계가 도움이 될 것이다.

♦ 집중력을 유지하는 네 단계

1. 자신과 약속을 잡는다. 장소, 시작과 종료 시간, 처리할 일을
구체적으로 정한다.

2. 그 시간에 할 일을 정한다. 자신이 완수하려는 일과 이를 달
성하는 데 필요한 단계를 열거한다.

3. 위의 목표를 다시 한 번 검토하고 혼자만의 시간을 갖는다.
생각이 흐트러지면 다시 집중력을 가다듬고 계속 일한다.

4. 자신만의 시간이 끝나갈 때, 다음번 '집중 시간'을 미리 잡아
둔다. 자신만의 시간이 일과로 자리 잡게 되면 그 진가를 알 수
있을 것이다. 그렇게 집중력이 생기면 시간도 더 효율적으로 쓰
게 될 것이다.

알고리즘 트리거: 할 일 목록을 작성해 일의 순서를 만든다. 멀티태스킹을
하지 않기 위해 현재 일을 끝내는 것을 목표로 한다.

50대, 60대에도 공부해야
부자가 되는 이유

생각해 보면 당신은 18세~22세까지의 삶 대부분을 배움을 위해 썼을 것이다. 걷고, 말하고, 사회적 존재가 되는 법을 배웠고, 읽기, 쓰기, 셈하기도 배웠다. 생계를 위해 자신이 선택한 일이나 분야를 배웠고 아마 대체로 그 일을 즐길 것이다. 그리고 그 분야에서 계속 일하거나 그것을 발판 삼아 사랑하는 일을 찾았을 것이다.

그런데 당신은 공식적인 학교 교육을 마친 후로 배움을 중단하지 않았는가? 여가 시간에 배움과 무관한 활동을 하게 됐는가? 대부분의 사람과 비슷하다면 당신은 여가 시간을 인터넷 서핑이나, 페이스북, 넷플릭스 영화 또는 TV 프로그램 시청 등에 보내고 있을 것이다. 그것도 괜찮지만, 이들이 지속적인 학습을 대체할 수는 없다.

성공하기 위해 노력하는 사람은 배움이 없는 시간을 최소화한다. 자기 계발을 위해 시간을 생산적으로 사용하고, 학습 곡선이 상승세를 이어가도록 한다. 취미를 찾고, 열정을 발견하고, 책을 읽고 직접 탐사에 나선다.

평생 학습자는 계속해서 지식을 쌓아나가는 사람이다. 서른다섯 번째 성공 법칙에서 등장했던 토머스 콜리는 자수성가한 백만장자 177명의 습관을 5년간 조사했다. 2016년에 출간된 《습관이 답이다》에서 그는 그들 중 87퍼센트가 하루에 30분 이상 책을 읽는다고 밝혔다. 그들은 단순히 재미를 위해 독서를 하는 것이 아니라 지식을 습득하고 유지하기 위한 독서를 하는 것으로 조사됐다. 콜리는 자수성가한 백만장자는 전기, 자기계발서, 역사서, 세 종류의 책을 읽는다는 사실을 알아냈다.

생각해보라. 매일 30분 동안 책을 읽는다면 일 년이면 30권의 책을 읽게 된다(보통 성인의 독서 속도는 1분에 200~300단어다).

퓨 리서치 센터Pew Research Center의 조사에 따르면 미국 성인은 1년에 평균 5권의 책을 읽는다고 한다. 백만장자들을 따라잡으려면 더 많은 책을 더 읽어야 할 것이다.

♦ 시간을 따로 내지 않고도 평생 학습자가 될 수 있는 네 가지 방법

1. 매일 일정한 학습 시간을 정해둔다. 미리 계획해둘 때 실행할 가능성이 더 커지기 때문이다.

2. '한가한 시간'을 활용한다. 출근길에 팟캐스트나 오디오북을 듣는다. 예약하더라도 기다리게 되는 곳에서는 대기 시간을 지혜롭게 활용할 준비를 하고 간다. 낭비되던 시간이 '평생 학습 시간'으로 바뀔 것이다.

3. 당신이 닮고 싶은 사람에 관해 읽고, 이야기를 듣고, 경험한다. 위대한 사람이 되고 싶다면 성공한 사람들에 관한 책을 읽어라. 인생의 난관을 극복하고 싶다면 역경을 극복한 사람에 관한 책을 읽어라.

4. 평생 학습은 당신의 정신을 단련시킨다. 지적 능력을 향상시킬 뿐만 아니라 성공 법칙 한 가지를 새롭게 습득시켜줄 것이다.

알고리즘 트리거: 관심 있는 분야의 온라인 강의를 지금 당장, 수강 등록한다.

조용하게 성공하는 사람의 특징: "물건을 살 때…"

소유한 물건으로만 봐서는 부자인 사람이 많다. 당신도 거기에 해당되는가? 물건을 덜 사들였다면, 당신의 순자산은 지금쯤 얼마나 늘었을까?

사람들이 감성적인 이유나 언젠가는 필요할 수도 있다는 생각으로 물건을 산다는 사실은 여러 연구를 통해 확인됐다.

임상 사회복지사인 테레사 블록 코헨Teresa Bullock Cohen은 사람들이 물건을 쉽게 버리지 못하는 이유를 이렇게 설명한다. "사람들이 물건에 집착하는 심리의 기저에는 박탈에 대한 두려움이 있습니다." 또한 결정을 내리지 않는 편이 뇌에 부담을 덜 주기 때문이라고도 말한다. 그래서 사람들은 더 이상 쓸모가 없는 물건조차 버리지 않는다는 것이다.

그러나 자수성가한 백만장자들의 대부분은 물건에 집착하지 않았다. 오히려 미니멀리스트의 특성을 보였다. 그들은 '양보다 질'의 원칙에 따라 간소한 생활을 유지했고 '물건은 적을수록 더 좋다'는 인식을 갖고 있었다. 여기에는 무엇을 입을지, 무엇을 구입할지, 어디를 갈지, 무엇을 먹을지에 관한 결정을 줄이는 것도 포함됐다.

그렇다고 그들이 스스로 삶의 즐거움을 박탈한 채 산다고 생각하지는 마라. 오히려 미니멀리스트들은 일주일, 한 달, 일 년 후에는 중요하지 않은 사소한 일에 시간을 낭비하지 않고 자신과 타인의 삶에 영향을 미칠 더 큰 결정을 위해 에너지를 아낀다. 예컨대 미니멀리스트들은 무슨 옷을 입을지 고민하느라 시간을 낭비하지 않는다. 마크 저커버그, 팀 쿡, 워런 버핏, 제프 베조스는 각자 정해놓은 티셔츠와 청바지, 정장, 폴로셔츠와 바지 한 종류만 유니폼처럼 입는다. 결정할 일이 적을수록 명료한 사고를 할 수 있는 여유가 늘어나기 때문이다.

이들은 경제적 자유, 건강한 관계, 가족과 친구와 보내는 시간, 좋아하는 사업 등 자신이 중시하는 것에 더 집중하기 위해서 생활을 간소화한다.

"미니멀리니스트가 되는 것이 가치가 있을까?" 물론이다. 삶을 간소화하기를 원한다면 당연히 그렇다.

◆ 미니멀리스트로 살 때의 이점 다섯 가지

1. 정돈된 느낌이 든다. 물건이 적어져 공간이 질서정연해진다.
2. 생각이 더 명확해진다. 물건이 적어질수록 주의를 산만하게 하는 것도 적어진다.
3. 시간 효율성이 높아진다. 물건들을 빨리 찾을 수 있기 때문이다.
4. 생산성이 높아진다. 불필요한 물건들을 제거하면, 자신과 타인의 삶에 변화를 가져올 수 있는 결정에 집중할 수 있게 된다.
5. 잡동사니가 줄어들어 주변이 더 넓게 느껴진다. 추가 비용 없이 공간을 더 확보할 수 있는, 참으로 쉬운 방법이 아닌가!

미니멀리스트가 되는 것을 시험해볼 준비가 됐다면 생활에 꼭 필요하다고 생각되는 물건 100개를 선택하라. 입을 옷과 장신구, 세면도구, 주방용품, 전자기기 등이 포함될 것이다. 목록에 없는 옷들은 천을 씌워두고, 선택한 세면도구만 침실과 욕실의 특정 서랍에 넣어둔다. 주방은 찬장 하나만 사용하고, 나머지 물건은 보이지 않게 정리한다(가구, 사진, 자동차와 자전거는 100가지 항목에서 제외된다).

준비됐는가? 그럼 시작해보자. 이제 100가지 품목을 열거하라. 한 달 동안은 오직 목록에 있는 물건들만 사용하면서 당신의 생활이 어떻게 달라지는지 살펴보라. 무엇을 입을지 결정할 일이 얼마나 줄어드는지, 주변에 늘어놓은 잡동사니가 줄어든 덕분에 물건을 찾는 데 걸리는 시간이 얼마나 줄었는지 주목하라. 산만함이 줄어들고 생각도 더 명료하게 할 수 있을 것이다.

◆ 미니멀리스트가 되기 위한 세 가지 조치

1. 유니폼처럼 입을 옷을 고른다. 어차피 우리 대부분은 매일 비슷한 옷을 입는다. 정장, 청바지와 티셔츠, 검은색 바지, 검은색 원피스 등 선택할 옷의 가짓수를 최소로 줄여라. 100개의 물품에 포함될 10~20개의 장신구로 의상에 포인트를 줄 수 있다.

2. 날마다 사용하는 물건의 목록을 작성한다. 사람은 습관의 동물이다. 늘 같은 머그컵을 쓰고, 좋아하는 접시에 음식을 담아 먹고, 똑같은 세면도구를 사용하는가? 그런 물건의 목록을 작성해보면 실제로 사용하는 물건의 범위가 좁혀지면서 100가지 물건을 선택할 때의 혼란이 최소화될 것이다.

3. 무엇을 소유하고 있는지보다 자신이 어떤 사람인지 먼저 확인한다. 이 지침을 따르게 되면, 물질을 완전히 다른 시각에서 보게 될 것이다. 물건보다는 삶의 질과 자신이 선택한 주변 사

람들과의 관계에 더 집중하게 될 것이다.

알고리즘 트리거: 지금부터 한 달 동안 100개의 물건으로만 살아본다. 그 동안 없어도 아쉽지 않았던 물건들이 무엇인지 파악하고 그것들은 팔거나 기부한다.

백만장자들은
타인을 이렇게 대한다

자수성가한 백만장자들은 '존중받는 것'에 높은 가치를 둔다. 이는 그들의 성격을 반영하는 특성이다. 다른 사람들과 마찬가지로 성공한 사람들 역시 그들이 존중받는 유일한 방법은 존중받을 만한 행동을 하는 것이다.

저명한 변호사이자 자수성가한 백만장자인 게리 모이렌Gary Moylen은 다른 사람들을 존중하는 마음을 표현하는 방법으로 '그가 상대하는 모든 사람과 친구가 되는 것'을 들었다. 사람에 대한 그의 진심 어린 배려는 그가 다른 사람들을 대하는 11가지 형태의 존중에서 잘 나타난다.

그가 무언가를 하겠다고 말한다면 그럴 거라고 믿어도 된다.

(성공 법칙 6 : 네가 한 말을 못 지키면, 네 인생도 못 지킨다)

그는 정직하다. (성공 법칙 7 : 똑똑한 사람일수록 인생이 안 풀릴 때 이것부터 바꿉니다)

나도 경험했듯이 그는 부탁받은 일이 있을 때 상대의 시간을 자기 시간만큼 중요하게 생각한다. (성공 법칙 26 : 이런 사람과 엮이면 반드시 실패한다)

그는 사람들의 이야기를 잘 들어준다. 이는 사람들이 그에게 끌리는 이유 중 하나다. (성공 법칙 45 : 진짜 부자들은 목숨 걸고 배우는 듣는 기술)

그는 앞장서서 다른 사람에게 호의를 베푼다. (성공 법칙 47 : 제가 만났던 부자들은 전부 '이걸' 나눕니다)

그는 규칙적으로 운동한다. 이는 그가 외모에도 신경쓴다는 것을 보여준다. (성공 법칙 29 : 이루고 싶은 게 있다면 체력을 먼저 길러라)

그는 명상을 위한 시간을 일정에 넣어 자신의 마음을 돌본다. (성공 법칙 15 : 백만장자들의 뇌 휴식법 : 뇌를 충전하라)

그는 천성이 낙천적이어서 사람들의 장점을 잘 본다. (성공 법칙 28 : 결국 성공하는 사람들이 반드시 지키는 습관)

그는 백만장자로 자수성가했다고 해서 자신이 다른 사람보다 낫다고 생각하지 않는다. (성공 법칙 42 : 성공한 사람들은 오히려 조용하다)

받기보다 베푸는 사람인 그는 아주 작은 호의도 감사하게 생각한다. (성공 법칙 34 : 감사는 운을 부르는 가장 빠른 방법이다)

그는 어려운 사람을 돕는다. (성공 법칙 50 : 부자들은 왜 남을 돕는가?)

당신은 '나도 11가지 특성을 지녔는데 왜 백만장자가 되지 못했지?'라고 혼잣말을 할지도 모르겠다. 축하한다! 이 책의 시작 부분에서 말했듯이 당신은 생각보다 자수성가형 백만장자에 더 가까이 와 있는 걸지도 모른다. 아직 습관이 되지 않은 성공 법칙들을 습득해가면서 큰 그림을 계속 주시하기만 하면 된다.

♦ 타인을 존중하는 5가지 방법

1. 모든 사람의 부탁을 우선순위에 둔다. 약속은 적게 하고, 부탁받은 것 이상을 지키면 된다.

2. 자신의 이야기를 하기보다, 다른 사람에 대해 알아가는 데 관심을 둔다.

3. 다른 사람의 말을 들은 후에는 우선 그 말에 공감해준 다음 자신의 의견을 말한다.

4. 누군가 당신을 위해 15분 이상 수고해줄 때마다 감사를 표한다. 이메일, 타이핑한 쪽지, 손으로 쓴 쪽지, 어떤 형태라도 괜찮다.

5. 모든 사람을 정중히 대한다. 타인에 대한 존중은 당신이 스스로를 얼마나 존중하는지를 보여줄 것이다.

알고리즘 트리거: 하루에 단 한 번이라도, 나보다 직급이 낮거나 나이가 어린 사람에게 먼저 존중의 말을 건네본다. 편의점 직원, 택배 기사, 신입 동료 등 평소 무심코 지나쳤던 관계 속에서 "감사합니다", "고생 많으세요" 같은 한마디를 먼저 꺼내보며, 타인에 대한 존중이 결국 나의 품격이 된다는 걸 체득해간다.

성공한 사람들은
오히려 조용하다

자수성가한 백만장자에 대해 내가 갖고 있던 선입견 중 하나는 그들이 성공했다고 우쭐대리라는 것이었다. 참으로 잘못된 생각이었다! 적어도 이 책에 소개한 백만장자들은 전혀 그렇지 않았다.

자수성가한 백만장자 대부분은 그들의 순자산이 달라졌다고 해서 가치관까지 변하지는 않았다. 종종 간과되고 과소평가되는 그들의 미덕은 바로 '겸손함'이다.

그들이 수백만 달러에 이르는 순자산을 보유하고 있음에도 불구하고 이를 내세우지 않는 이유 중 하나는, 상당수가 그 시작은 소박했기 때문일 것이다. 많은 사람들이 그러하듯 그들도 성공을 위해 분명 오랜 시간을 투자했다. 그리고 일부는 성공한 후에도 노력을 이어가고 있다.

그들은 할 수 있다는 것을 성공함으로서 자신에게 증명한 셈이다. 그러나 그들 대부분은 성공을 과시하거나 남들보다 특별한 대우를 받을 필요성을 느끼지도, 바라지도 않았다. 사실 자수성가한 백만장자 중의 다수는 튀지 않으려 했다. 그들이 사는 집, 그들이 타고 다니는 차, 수수한 옷차림이 그런 마음을 보여주었다. 그들은 수입보다 지출이 적은 삶을 산다.

그 대표적인 예가 워렌 버핏이다. 버핏은 2017년 〈포춘〉지가 선정한 세계 갑부 명단 2위에 올랐지만, 지금도 1958년에 31,500달러에 구입한 네브라스카주, 오마하의 주택에서 살고 있다. 그의 재무 상태는 달라졌지만 많은 자수성가형 부자들처럼 그의 의식주 방식은 바뀌지 않았다.

이들 백만장자는 순자산에 비해 소박하게 생활할 뿐 아니라 다른 면에서도 주목받지 않기를 바란다. 그들 다수는 세상일에 귀를 기울이고, 질문을 받지 않는 한 자신의 업적에 대해 자랑하지 않으며 오히려 다른 사람들에게 집중한다. 또한 그들은 다른 사람들이 성공할 수 있도록 돕기를 좋아한다.

당신은 어떤가? 다음 네 문항에 답하여 당신의 겸손 지수를 알아보라.

1. 자신보다 다른 사람에게 집중한다.

2. 자신에 관한 정보를 알려주기보다는 다른 사람들에게 질문을 하며 적극적으로 들어주는 사람으로 대화에 참여한다.

3. 가장 이익이 될 수 있는 길보다는 자신의 가치관에 따라 판단했을 때 옳은 길로 간다.

4. 받기보다 주기를 좋아한다.

어떤 답변들을 했는가? 위의 질문들에 '예'라고 답변했다면 당신은 이미 42번째 성공 법칙을 습득한 것이다. 아니라면 더욱 겸손해지도록 연습하라.

♦ 겸손함을 유지하는 네 가지 방법

1. 자수성가한 백만장자에 근접하고 있든 또는 아직 갈 길이 상당히 남았든, 자신의 시작이 어땠는지를 기억한다. 그러면 당신이 이뤄가고 있는 성공 또는 이미 이룬 성공으로 자만하는 일은 없을 것이다.

2. 다른 사람에게 집중한다. 자신의 이야기를 하는 대신 다른 사람에 대한 질문을 많이 한다. 다른 사람들에게 그들 자신을 표현할 수 있는 배출구를 제공하는 것 외에도 놀라울 정도로 많은 것을 배우게 될 것이다.

3. 어려운 사람을 돕는다. 세상을 더 살기 좋은 곳으로 만들 뿐만 아니라 자신이 가진 것에 더욱 감사하게 될 것이다.

4. 팀 프로젝트에 참여할 때 자신의 역할을 내세우지 않는다. 대신 다른 사람이 기여한 바를 소개한다. 그런 겸손함이 성공을 가져올 것이다.

알고리즘 트리거: 팀 프로젝트나 협업관계, 모임에선 반드시 한 번 이상 '그건 당신 덕분이죠' 같은 말로 공을 나눈다. 누군가 도움을 줬을 땐, 작은 커피 쿠폰이라도 보내 고마움을 먼저 표현하는 루틴을 만든다.

0.1% 부자들이 어릴 때 무조건 길러놓은 능력

사람들의 생활 방식은 셋 중 하나다. 수입보다 지출이 많은 생활, 수입에 맞는 지출을 하는 생활, 수입보다 지출이 적은 생활. 당신은 어디에 해당하는가?

당신이 수입보다 많은 지출을 하는 사람이라면 신용카드로 물건을 구입한 뒤 청구서를 받았을 때 전액을 납부하지 못할 것이다. 또한 비상금 통장이나 미래를 위한 투자 계좌에 넣을 돈도 없을 것이다.

수입에 맞춰 지출하는 사람이라면 현금이나 신용카드로 물건들을 구매하고, 매달 대출 상환금 및 다른 청구서들을 납부 기한 안에 전액 납부하고 비상금도 갖고 있을 것이다. 저축을 하거나 미래의 재정을 위한 투자를 시작할 여윳돈도 있을 수 있다.

수입보다 적게 지출하는 사람이라면 주택 담보 대출, 학자금 대출, 기타 대출금을 약정한 월 상환액보다 더 많이 갚을 수 있을 것이다. 수입 일부를 비상금 또는 저축 통장에 넣어두거나 투자할 여윳돈도 남을 것이다.

이미 짐작했겠지만 자수성가한 백만장자들은 수입보다 적게 지출하며 생활한다. 그들은 남의 시선을 의식해 허세를 부리지 않는다. 대신 최종 목표인 경제적 자유를 염두에 두고 계획적으로 지출한다. 그들은 고정 지출부터 계산해놓고 물건의 구입이나 오락에 쓸 수 있는 잉여 자금을 책정한다. 페라리보다는 미래의 경제적 자유를 선택한다.

앤디 히달고Andy Hidalgo는 46세에 백만장자가 됐다. 수입보다 지출이 적은 생활의 가치를 잘 아는 그는 이렇게 이야기했다. "수입보다 지출이 적은 생활 방식은 어려서부터 길러집니다. 특히 돈에 대해 어떤 교육을 받았는지, 또는 사람들의 수입 관리 방식을 어떻게 생각하며 자랐는지가 주로 영향을 주죠."

어떤 인생 교훈은 직접적인 경험을 통해 확실히 습득된다. 앤디는 어려서 어머니가 실직하고 심하게 돈에 쪼들렸을 때, 수입보다 지출이 적은 생활의 중요성을 절감했다. 어린 나이였지만 어른이 되어서 절대로 그처럼 위태로운 경제 상황에 처하고 싶지 않다는 생각을 했다. 그는 경제적 책임을 다하는 방법을 배워 그런 일이 벌어지지 않게 미리 조심했다.

우선 앤디는 번 돈을 쓰는 습관을 들이기보다 번 돈을 관리하는 데에 치중했다. 또한 예상치 못한 지출에 대비하기 위해 지출을 줄였다.

앤디는 수입보다 지출이 적은 생활을 기본으로 삼고 가족이 즐겨 사용하거나 자신에게 꼭 필요한 물건들만 구입했다. 그와 아내가 네 자녀를 키울 동안 그에게는 우선순위가 아닐 수 있는 것들을 가족들이 원할 때가 있었다. 해변의 별장이 그런 예였다. 별장을 구입하며 그가 가장 먼저 고려한 기준은 이것이 자신의 순자산에 비춰 적절한 가격인지였다.

자수성가한 백만장자 다수처럼 앤디는 필요한 것들만 사고 나머지는 가족과 후손을 위해 저축하는 소비 방식을 선택했다. 앤디는 평생 수입보다 지출이 적도록 돈을 관리해왔다.

비슷한 방식으로, 한국에서도 '수입보다 적게 쓰는 삶'을 통해 인생을 바꾼 자수성가형 부자가 있다. 바로 절약의 달인이라 불리는 곽지현이다.

곽지현은 학벌도, 자본도, 기술도 없던 평범한 청년이었다. 최저시급으로 시작한 자취 생활 속에서 그는 절약을 결심했고, 4년 2개월 만에 1억 원을, 이후 2년 만에 또다시 1억 원을 모았다. 그 시작은 '지출 통제'라는 명확한 원칙에서 비롯되었다.

그는 매달 가계부를 쓰고 소비 패턴을 분석했으며, 충동구매를 걸러내는 세 가지 질문을 만들어 실천했다.

1. 정말 필요한가?
2. 대체 가능한 물건을 갖고 있지는 않은가?
3. 오래 사용할 수 있는가?

감으로 지출을 하지 않고, 예상 지출을 항목별로 분류해 예산을 짰고, '선저축 후지출' 원칙으로 월급의 대부분을 저축했다. 모든 소비는 체크카드로만 관리하며, 가진 돈 이상은 절대 쓰지 않았다.

그 결과, 그는 소비를 줄이는 데서 그치지 않고 자산을 안정적으로 불려나갈 수 있었다. 절약은 곧 삶의 주도권이 되었고, 작은 선택 하나하나가 미래를 바꾸는 힘이 되었다.

곽지현의 이야기는 단순히 돈을 아끼는 기술이 아니라, 자신의 기준과 가치에 따라 삶을 설계하는 태도의 중요성을 보여준다. 자수성가한 백만장자들이 그러하듯, 자신만의 원칙을 지켜가는 습관이 결국 부의 기반이 되었다.

◆ **절약의 달인 곽지현이 말하는**
수입보다 적게 지출할 때 얻게 되는 네가지 이점

1. 지출에 대한 스트레스에서 벗어날 수 있다

통장 잔고가 바닥날 걱정 없이, 카드값 청구일에도 마음이 편해진다. '필요할 때 돈이 있을까' 하는 불안으로부터 자유로워질 수 있다.

2. 목돈을 만들 수 있다

작은 돈도 꾸준히 모으면 큰 자산이 된다. 나 역시 최저시급을 받을 때도 월급의 90%를 저축해 1억 원, 그리고 다시 2억 원을 만들 수 있었다.

3. 진짜 필요한 곳에 집중하게 된다

소비 기준이 생기면, 정말 가치 있는 것에만 돈을 쓰게 된다. 충동이 아닌 기준에 따라 선택하는 소비는 삶의 밀도를 높여준다.

4. 인생의 선택지가 넓어진다

돈이 모이면 선택할 수 있는 자유가 생긴다. 더 이상 원하지 않는 일을 억지로 할 필요가 없고, 내가 원하는 삶을 스스로 그려 나갈 수 있게 된다.

알고리즘 트리거: 지난 한 달간의 소비 내역을 정리해본다. 카드 명세서와 통장 내역을 확인해 '꼭 필요하지 않았던 지출'을 최소 3가지 찾아 표시한다. 다음 달에는 이 항목들을 줄이거나 없애본다. 이렇게 절약한 금액은 자동이체로 비상금 계좌에 넣는다.

이것이 이해된다면,
돈 버는 재능이 있는 사람인 것
- 창업의 5단계

토머스 에디슨, 앤드류 카네기, 마크 저커버그, 제프 베조스. 이들의 공통점은 무엇일까? 바로 맨손으로 사업을 시작했다는 점이다.

인베스트포모어에 따르면 노동 인구의 20퍼센트가 자영업자 인데 반해, 백만장자의 자영업자 비율은 무려 75퍼센트라고 한다.

이 책에 소개된 자수성가한 백만장자 30명의 76퍼센트가 창업을 했다.

그들의 6퍼센트는 기존 사업체를 사들였고 13퍼센트는 전문직 분야의 고위 관리직으로 일했다.

또한, 이 책을 위해 인터뷰한 사람의 1퍼센트는 예술 계통의 일을 했다.

맨손으로 창업한 사람들 중 90퍼센트(27명)는 다음의 세 가지 방법 중 하나를 기반으로 창업했다.

1. 새로운 제품이나 서비스의 필요성을 느껴 창업했다.
2. 자신이 갖고 있는 시장성 있는 기술을 바탕으로 창업했다.
3. 자신이 열정을 느끼는 일을 세상과 나누고 싶어서 창업했다.

이 책에 등장하는 자수성가한 백만장자들이 시작한 사업 몇 가지를 예로 들어보자.

◆ 새로운 수요의 확인

재커리 버크 박사는 행복한 직원이 곧 생산성이 높은 팀원이 된다는 사실을 인식하고서, 해프코를 설립했다. 해프코는 직원의 집중력, 협동심, 동정심, 행복감, 참여를 증가시키는 마음챙김 프로그램을 제공한다. 다수의 회사를 창업한 그는 지난 30년간 20개가 넘는 의료 회사를 설립했다.

◆ 기존 기술의 현금화

제이슨 필립스는 CNBC로부터 '색채의 왕'이라는 평가를 받았다. 페인팅 및 집수리 회사에 가장 적합한 비즈니스 모델을 결정하는 데 10년이 넘게 걸린 끝에 1997년 제이슨은 필립스 홈 임프루브먼트를 설립했다. 2017년 제이슨과 53명의 직원은 1,100만 달러의 매출을 올렸다.

사리안 부마는 상업용 건물 청소 회사를 설립해 직원이 200명이나 되는 회사로 키웠다. 그녀는 계약직으로 청소를 하면서 고객들에게 받았던 칭찬을 기억하며, 1987년 캐피털 힐 빌딩 관리 회사를 설립하기로 결심했다.

♦ 열정의 사업화

브루스 쉰들러의 유전자 속에는 조각에 대한 재능이 포함되어 있었다. 그의 할아버지는 은과 나무에 조각하기를 좋아했다. 독일인답게 심한 완벽주의자인 그의 아버지는 가구 제작자였다. 그런 유전자가 알래스카주 스캐그웨이로 이사한 브루스로 하여금, 3만5천 년이나 된 매머드 뼈에 매료되도록 만들었다. 브루스는 화석화된 상아를 재료로 만든 조각에 열정을 갖게 됐고 1995년에는 쉰들러 카빙을 설립했다.

창업은 신나는 일이지만 소규모 사업을 성장시키려면 이 책에 설명된 다른 49가지 성공 법칙과 함께 근면성과 긍정적 태도가 필수라는 것을 인식하라. 도전할 준비가 됐다면 시작하라!

◆ 창업의 다섯 단계

1. 사전 조사를 한다. 당신이 고려 중인 서비스나 제품을 제공하고 있는 전국의 회사들을 조사한다. 그 회사의 소유주들에게 그곳에서 일할 수 있게 해달라고 부탁해, 그 분야의 창업에 필요한 것들을 배운다. (성공 법칙 16: 당신이 시간을 함께 보내는 사람 4명이 미래의 당신 모습이다)

2. 소규모 사업자 전문인 회계사, 변호사, 웹디자이너를 만난다. 회계사는 동업, 유한책임회사, 법인, 소규모 법인 중 회사를 어떤 형태로 운영할지 결정하는 데 도움을 줄 것이다. 그는 필요한 서류를 작성해주고 사업자등록번호도 신청해줄 것이다. 변호사는 회사 이름과 사업 허가 및 영업에 필요한 기타 서류들을 제출해줄 것이다. 이들은 사업의 틀을 마련하는 기초 작업에 없어서는 안 될 사람들이다.

3. 돈을 써야 돈을 벌 수 있다는 현실을 인식한다. 창업 초기에는 일정 비용이 들어갈 수밖에 없다. 만약 사업 자금이 없다면 정규직 근무 외에도 저녁 시간과 주말에 아르바이트를 병행하는 방법을 고려한다. 어떤 방법을 쓰든 부채 발생을 최소화한다.

4. 하청을 적극 활용한다. 처음 사업을 시작할 때는 필요할 때마다 독립 계약자를 고용한다. 사업 규모가 커지면 시간제 직원을 고용한다. 이런 고용 방식은 부채 발생을 낮추는 데 필수인

간접비의 최소화에 도움이 된다.

5. '적시 구매' 방식을 채택한다. 재고를 최소로 유지한다. 주문이 들어오면 필요한 제품과 서비스에 투자한다. 이것은 성공한 기업들의 관행이다. 당신도 그렇게 해야만 한다.

알고리즘 트리거: 오늘 안에 창업 아이템 1개를 정해, 유사한 시장 사례를 3개 이상 분석해본다.

진짜 부자들은
목숨 걸고 배우는 듣는 기술

읽는 법은 배웠지만 듣는 법을 정식으로 배운 적이 있는가? 만약 당신이 효과적인 듣기 수업을 들은 적이 있고 거기서 배운 전략들을 실행에 옮기고 있다면 당신에게 경의를 표한다. 당신은 예외적인 사람이다.

대부분의 사람은 남의 이야기를 듣는 법을 모른다. 한 번도 배운 적이 없기 때문이다. 경청하기가 45번째 성공 법칙인 이유도 그 때문일 것이다.

경청은 생각보다 어려운 일이다. 귀를 달고만 있는 기업가와 사람들이 이야기할 때 온전히 집중하는 전문 기업가는 경청 기술에서 차이를 보인다.

IQ가 높다고 해서 남의 말에 귀를 잘 기울여주는 것은 아니다. 오히려 EQ(감성지능)를 계발하려고 노력해온 사람들이 단순히 IQ가 높은 사람들보다 경청을 잘할 가능성이 높다.

그렇다면 다른 형태의 소통을 할 때보다 이야기를 들을 때 집중에 문제가 생기는 이유는 무엇인가? 랄프 니콜라스Ralph G. Nicholas와 레오나드 스티븐슨Leonard A. Stevens은 1957년에 발표한 논문, 〈경청하기〉Listening to People에서 왜 그렇게 많은 사람이 경청에 어려움을 겪는지에 대해 이렇게 설명한다.

우리는 생각하는 속도만큼 빨리 말을 하지 못한다. 대다수 미국인의 평균 말하기 속도는 1분에 125단어다. 뇌에서 처리하는 단어의 수는 1분에 125단어를 훨씬 넘는다. 이야기를 들을 때 우리는 뇌의 능력에 비해 지극히 느린 속도로 단어를 받아들이도록 요구받는 것이다.

1957년 이후로 우리의 소통 방식은 극적으로 변했지만, 듣기 기술은 향상되지 않았다. 사실 손가락만 까딱하면 온갖 소통이 가능하게 되면서 경청 기술은 도리어 쇠퇴하고 있다.

♦ 경청 비결

1. 집중하라. 말하는 사람에게 100퍼센트 온전히 주목하지 못하게 만드는 방해 요인들을 제거한다. 알람이 울릴 수 있는 모

든 전자기기도 치워두자.

2. 신체 언어와 표정으로 당신이 경청하고 있음을 상대에게 보여준다. 즉, 말하는 사람과 계속 시선을 맞추고, 팔짱은 끼지 않으며, 동의할 때는 고개를 끄덕이도록 하라.

3. 부탁받기 전까지는 조언하지 않는다. 이야기를 들어줄 사람이 필요한 사람들 대부분은 단지 들어주기만 원한다. 청하지도 않은 충고를 하는 일은 피하고 부탁받았을 때만 해결책을 제시하라.

4. 상대방의 말에 맞장구를 쳐준다. 그리고 들은 내용을 요약해서 말해준다. 그런 다음 부탁받은 조언을 하자. 이는 당신이 들은 말을 보강해주는 동시에 명료화해줄 것이다.

당신과 내가 경청 기술에 숙달될 때 자수성가한 백만장자라는 결승선에서 만나게 되리라고 확신한다. 지금부터 경청하라!

알고리즘 트리거: 하루에 한 번 이상 의식적으로 누군가의 말을 '질문 없이 3분 이상 듣는' 실험을 하고, 이에 대해 느낀 점을 정리한다.

6장

돈보다
더 중요한 것을
알아챈 사람들

5분 안에 티가 나는
자수성가할 사람의 특징

커피숍에서 이 책의 몇 절을 쓰던 중 나는 옆자리에 앉아 있던 사람들과 짧은 대화를 나누게 됐다. 대화를 나눈 지 몇 분 만에 그 가운데 한 명인 아벳 엘삼나Abed Elsamna가 자수성가한 백만장자라는 것을 알 수 있었다. 그는 자신이 열정을 가진 일을 찾았다. 그는 혁신적이고 사교적이었으며 승낙을 얻어낼 때까지 포기하지 않고 요청하는 사람이었다(그는 안정적인 금융계의 직장을 그만두는 모험을 할 가치가 있다고, 역시 금융계에서 일하는 아내를 몇 개월에 걸쳐 설득한 전력이 있었다). 무엇보다도 그는 성공을 위해 기꺼이 실패를 감수했다. 나는 그에 대해 아는 바가 거의 없었지만 이 스물아홉 살 청년이 52가지 성공 법칙 중 상당수를 이미 터득했다는 것을 알아차렸다.

지난 1년 간, 그는 공동 창업자인 하산 마흐무드Hassan Mahmoud
와 함께 주중과 주말, 밤낮을 가리지 않고 행사용 제품 개발에 매
진했다. 그들은 결혼식 등의 각종 행사를 기획하는 소상인들이
고객들에게 첨단 기술을 활용한 현대적인 경험을 제공할 수 있게
해주는 신기술을 개발했다. 제품 시험을 마친 아벳과 하산은 인
비텍스트 테크놀로지Invitext Technologies라는 회사를 설립했고, 그
들에게 주어진 시간의 110%를 바칠 준비가 되어 있었다.

자수성가한 백만장자 다수가 이런 식으로 시작한다. 그들은
처음에는 안정된 회사의 직원으로 일을 시작한다. 그러다 창업
열풍에 휩싸이거나 실직 등의 계기를 통해 도약한다. 자기 사업
을 시작하는 것이다.

창업 후 2년 동안 소상공인의 겨우 66퍼센트만 살아남는다는
중소기업청의 통계도 그들을 꺾지 못한다. 사실 그들은 도전받는
것을 좋아한다(성공 법칙 9).

많은 자수성가한 백만장자들이 보통 그렇게 시작한다. 적어도
젭 로페즈Jeb Lopez는 그랬다. 필리핀에서 태어난 젭은 늘 미국에
서 살기를 꿈꿨다. 그의 아버지는 미국 대학에 입학하면 학비를
대주겠다고 제안했다. 젭은 결국 캘리포니아에 있는 대학에 합격
해 미국으로 왔다. 그리고 졸업 후에는 워싱턴 D.C.에 있는 좋은

IT 회사에 취직했다. 그러나 곧 화이트칼라 세계가 자신에게 맞지 않는다는 것을 깨달았다.

젭은 사표를 내고 비영리단체에 자원봉사를 하러 다니기 시작했다(젭이 사회 환원 차원에서 자원봉사를 했을 때 어떤 결과를 얻었는지는 성공 법칙 50을 참조). 생계를 위해서 그는 자동차 대리점에 부품을 배달해주는 일을 잠시 했다. 그러면서 이 서비스를 조금만 개선한다면 좋은 사업 기회가 되겠다고 판단했다.

2011년 젭은 겨우 7천 달러로 휠즈 업Wheelz Up LLC을 설립하고 워싱턴 D.C.와 버지니아, 메릴랜드, 텍사스의 자동차 대리점과 차체 공장, 정비소에 자동차 부품을 공급하기 시작했다. 그로부터 6년 후 그의 회사는 연매출 4,500만 달러 이상을 기록했다.

한국에도 철저한 준비와 실패에 대한 두려움을 극복해 낸 자수성가형 부자가 있다. 초기 자본도 없고 부동산에는 관심조차 없던 평범한 20대 직장인이었다. 하지만 그는 지금 '이주임'이라는 이름으로, 이제 매달 480만 원 이상의 월세를 받는 자산가가 되었다. 처음엔 그저 "열심히 일하고 차곡차곡 돈을 모으면 언젠간 내 집을 갖게 되겠지"라는 막연한 생각을 가진 월급쟁이에 불과했다. 그러나 경제에 대한 공부가 쌓일수록 가만히 있는 것이 오히려 더 큰 리스크라는 사실을 깨달았다. 떨어지는 돈의 가치 앞에서 도전하지 않는 것, 그것이야말로 진짜 위험이라는 걸 인식한 것이다. 그렇게 이주임은 지식과 준비를 무기 삼아 리스크를 줄여나가기 시작했다. 수년간 모은 돈을 단 한 번의 실수로 잃을 수도 있었기에 그는 누구보다 철저하게 경매에 발을 디뎠다. 지금은 13채의 집을 소유하고 있지만, 여전히 첫 입찰하던 날의 긴장과 떨림을 잊지 않는다. 그 한 걸음이야말로 '부의 알고리즘'을 직접 깨닫게 해준 결정적인 순간이었다.

이 책을 위해 임의로 선정한 백만장자 중 16퍼센트는 미국 기업에서 일하며 자수성가했고, 한 명은 이미 자리 잡은 사업체에 투자했지만, 무려 나머지 74퍼센트는 자신의 사업을 키우거나 기존 사업체를 인수하는 길을 선택했다.

당신은 얼마나 위험을 감수할 수 있는가? 당신은 지금의 안정된 직장에 머무는 미래를 구상하고 있는가? 아니면 창업에 대한 욕심이 속에서 꿈틀대고 있는가?

◆ 계산된 위험을 감수하는 세 가지 방법

1. 작은 위험부터 감수하면서 모험심을 기른다. 그러면 더 큰 위험과 앞으로 맞닥뜨릴 예기치 못한 미지의 상황에 대한 자신감을 기를 수 있다.

2. 위험을 감수하려 할 때는 미리 계획한다. 발생할 수 있는 최상의 시나리오와 최악의 시나리오는 무엇인지 스스로 질문하

고 두 가지 시나리오 모두에 대한 대비책을 수립한다. 미지의 상황에 대비하고 있을 때 위험 감내도가 증가할 것이다.

3. 성공한 인생을 살기 위해서는 성공을 경험하지 못할 위험을 감수해야 한다는 것을 인식한다.

알고리즘 트리거: 자신이 편안함을 느끼는 범위를 벗어나는 일을 시도해봄으로써 앞으로 찾아올 '계산된 위험'에 대비한다.

내가 만났던 부자들은 전부 '이걸' 나눈다

몇 년 전 나는 뉴욕 미드타운 거리를 걷고 있었다. 그러다 땅에 떨어져 있는 구겨진 지폐가 눈에 들어왔다. 누군가의 주머니에서 빠진 게 분명했다.

나는 지폐를 집어 들고 혹시 내 손에 들린 이 보물을 찾으러 지나간 길을 되짚어오고 있는 사람이 있는지 주위를 둘러봤다. 그렇게 보이는 사람은 전혀 없었다. 망설임 없이 나는 다음 행인을 세우고 "실례합니다. 선행 나누기를 믿으시나요?"라고 물었다. 그는 "물론 믿죠."라고 대답했다. 나는 구겨진 지폐들을 그에게 건네며 몇 분 전에 땅에서 주운 돈인데 선행 나누기를 하고 싶다고 설명했다. 오늘까지도 그 돈이 10달러였는지 1만 달러였는지 기억이 나지 않는다. 내가 아는 것은 그 돈이 애초에 내 것이 아니었으므로 선행 나누기가 옳은 행동이었다는 것이다.

대부분의 사람들은 선행 나누기의 사전적 의미가 '선행을 베푼 사람이 아닌 다른 사람에게 갚는 것'임을 알지만, 그 기원을 아는 사람은 거의 없을 것이다. 2000년에 개봉된 영화 〈아름다운 세상을 위하여〉Pay it Forward는 1년 전에 출판된 캐서린 라이언 하이디Catherine Ryan Hyde의 동명 소설이 원작이다. 영화는 세상을 변화시키는 방법을 써오라는 숙제를 받은 한 소년의 이야기를 다룬다. 소년은 전 세계로 선행을 퍼뜨릴 방안으로 '선행 나누기'pay it forward를 제안한다.

선행 나누기 원칙은 자수성가형 백만장자들을 성공하게 해주는 법칙이었고 앞으로도 그럴 것이다. 이 이타적 행동은 이 책을 위해 인터뷰했던 백만장자들의 삶에서 공통적으로 확인된 특성이었다. 그들은 다른 사람들에게 돈뿐 아니라 자신의 시간을 나눠주는 '선행 나누기'를 한다고 했다. 선행을 베푼 대가로 그들은 무엇을 얻느냐는 질문에 그들은 이구동성으로 다른 사람에게 베푼 선행 자체가 보상이라고 했다.

이 책을 위해 인터뷰했던 백만장자 제이슨 필립스는 30대에 큰 성공을 거뒀다. 건실한 그는 텍사스주 플레이노에 위치한 필립스 홈 임프루브먼트의 사장이다. 선행 나누기의 이점을 잘 아는 그는, 그와 가족들이 다른 사람의 삶을 풍성하게 해줄 때 그들 자신의 삶도 더 풍성해지는 효과가 있었다고 했다.

어떤 선행 나누기를 했느냐는 질문에 그는 시간과 돈을 나눠 준 이타적 행동 몇 가지를 들려줬다.

"아버지 같은 인물이 없는 아이들이 많으니 멘토가 필요하겠다는 생각이 들었습니다. 그래서 일주일에 하루는 일을 쉬고 아이들에게 무술을 가르치면서 품성을 길러주려고 노력했습니다. 결과가 어땠는지 확인하지는 못했지만 괜찮습니다. 아주 많은 사람들이 내 삶에 믿음을 보내주었듯이 내가 그들의 삶에 믿음을 보내주었을 뿐이니까요. 덕분에 저도 에너지를 얻었고, 그해에는 일주일에 4일만 일했는데도 사업이 급성장하는 신의 축복도 받았죠."

"길가에 사람이 서 있어서 모르는 사람이었지만 차를 세우고 도와줬죠."

"마트에서 계산하려고 줄을 서 있는데 카트에 이유식과 기저귀를 가득 실은 남자가 앞에 서 있었어요. 그가 계산하려는데 직불 카드가 읽히지 않더군요. 우리 가족은 그가 산 물건들을 대신 계산해줄 기회를 얻었죠."

"우리가 자주 가는 패스트푸드점 드라이브 스루 직원에게 크리스마스 선물을 주고 싶다는 생각이 들어 선물을 했습니다. 그녀가 매우 기뻐하더군요."

이처럼 당신은 여러 방식으로 선행 나누기를 실천할 수 있다. 미소와 같은 작은 행동으로도 충분하다. 동시에 발견한 주차 공간을 상대에게 양보하거나, 대가 없이 모르는 사람의 식사비를 대신 내줄 수도 있다. 심지어 아무런 보답을 기대하지 않고 누군가의 학비를 대줄 수도 있다. 선행의 크기는 무관하다. 중요한 건 아무런 대가를 기대하지 않고 선행을 베푸는 것이다.

제이슨은 부지런히 그리고 꾸준히 선행의 씨앗을 뿌려야 한다고 굳게 믿는다. 그는 자신의 성공이 뿌린 대로 거둔다는 사고방식에 기반을 두고 있다고 말한다. 그는 보는 사람이 없어도 옳은 일을 하는 것이 선행 나누기라고 했다.

당신이 마지막으로 선행 나누기를 했던 때는 언제인가?

알고리즘 트리거: 다음은 가장 쉬운 선행 나누기의 방법이다.
- 정체가 심한 도로에서 옆 차선의 차가 끼어들 수 있도록 양보해준다.
- 아무런 보답을 기대하지 않고 동료가 잘한 일을 칭찬해준다.
이런 정도의 일도 좋다. 지금 당장 선행을 나누라.

진짜 행복한 사람들은
모두 이 4가지를 갖췄다

벤저민 하디Benjamin Hardy는 2015년 6월 6일 〈옵서버〉지의 기사에서 "미국인 3명 중 1명만이 스스로가 매우 행복하다고 이야기한다"고 말했다. 행복은 쉽게 배울 수 있는 삶의 기술일까, 아니면 선천적 자질일까?

나는 두 가지 모두라고 믿는다! 확실한 건, 행복은 사고방식의 문제라는 것이다. 그것은 선택이며 상황에 어떻게 반응할지를 스스로 허용하는 방식이다.

인간은 누구나 환경 안에서 일어나는 일에 반응하지만, 행복한 사람은 자신감이 있어서 사람이나 상황에 감정이 휘둘리지 않는다. 자신에게 만족하는 사람은 다른 사람들에게도 긍정적인 영향을 미친다. 혹시 〈위대한 쇼맨〉이라는 영화를 봤다면 "세상에서 가장 고결한 일은 다른 사람을 행복하게 만드는 것이다"라는 피니어스 테일러 바넘의 말을 기억할 것이다. 행복한 사람의 긍정적인 감정은 전염성이 있어서 사람들이 그들 곁에 있고 싶게 만든다.

반면에 불행한 사람은 대체로 사람이나 상황이 슬픔, 분노 등 부정적인 감정을 야기한다고 해석한다. 그들은 상황 자체가 아니라 자신이 선택한 상황에 대한 반응에서 불행이 비롯된다는 것을 인식하지 못한다.

직장에서는 팀장이 팀원에게 특정 업무를 다른 식으로 처리하라고 충고하는 상황이 종종 벌어진다. 그 팀원은 팀장이 자신의 업무 처리를 마음에 들어 하지 않는다고 생각함으로써 불행해질 수도 있다. 하지만 그가 팀장의 건설적인 비판을 개인적으로 받아들이지 않고 업무적인 것으로 받아들이는 법을 배운다면 직장 생활에서 불행한 감정은 사라질 것이다.

자수성가형 백만장자인 재커리 버크Zachary Burk 박사는 '최고 행복책임자'Chief Happiness Officer라는 직함을 갖고 있다. 그는 행복이 실제로 학습될 수 있다고 믿는다. 이런 믿음이 그가 2014년 해프코HappCo를 창업한 이유 중 하나다. 혁신적인 그의 소프트웨어 회사는 기술과 데이터, 서비스를 결합하여 직원들이 행복하게 일에 몰입하고 있는지를 회사가 알 수 있게 해준다.

버크 박사는 직원들의 재능과 잠재력이 회사의 성공에 가장 중요한 자산이라고 말한다. 또한 관리자들이 팀원들이 행복할 때와 불행할 때가 언제인지를 알아야 직원 관리를 더 잘할 수 있다는 사실도 발견했다.

그의 회사가 개발한 툴은 기업과 경영자가 직원들의 행복 지수를 파악하게 도와준다. 그 결과 직원들의 업무 효율성이 향상되고 자신과 자신의 기여도에 대한 만족감도 높아진다. 결국 회사에 긍정적 영향력을 미치고 궁극적으로는 수익이 향상된다는 것을 버크 박사는 발견했다.

버크 박사와 연구진은 조직이 해프코의 재미있는 툴과 평가지들에 투자할 때 직원들의 기분을 파악할 수 있다는 것을 알아냈다. 각 직원의 응답은 비밀이 보장되지만, 회사는 직원들의 피드백을 통해 그들의 행복감과 몰입 수준을 알 수 있다. 또한 직원들이 설치한 행복감 모니터링 앱을 통해서도 경영진은 그날그날 회사의 행복 수준을 확인할 수 있다.

♦ **자신이 얼마나 행복한 사람인지 분석할 수 있는 네 가지 방법**

1. 마지막으로 당신이 행복하다고 생각했던 때가 언제인지 적어본다. 당신의 삶에 어떤 일이 있었을 때 이런 감정을 경험했

는가?

2. 마지막으로 당신이 불행하다고 느꼈던 때가 언제인지 써본다. 무엇이 그 감정을 야기했고, 그 감정을 극복하기 위해 무엇을 했는가?

3. 가장 큰 행복을 느끼게 해주는 경험 세 가지를 써본다. 이번 주에 그중 한 가지 이상을 할 수 있도록 일정을 잡는다.

4. 당신을 가장 불행하게 만드는 상황들을 써본다. 더 이상 그것들을 경험하지 않을 때까지 하루하루 그 상황들을 제거해가도록 노력한다.

알고리즘 트리거: 오늘 세 사람에게 미소를 지어주어라. 그들을 만족하게 해줄 뿐 아니라 그들에게 미소로 화답 받는 부수적 효과도 얻을 수 있다.

성공 비결 49

자수성가 부자들은 결국 '가족'을 위해 달렸다

내가 인터뷰한 자수성가형 백만장자들은 개인 생활에 높은 가치를 두는 것처럼 보였다. 많은 이들이 성공을 위해 노력하게 만드는 가장 큰 원동력은 가족이었다고 했다.

그들 중 일부는 가난한 집안 출신이었다. 그래서인지 자신이 자라온 환경보다 나은 삶을 가족에게 제공하고 싶다는 바람이 가장 강력한 동기 부여 요인 중 하나였다.

사업을 성공시키기 전, 또는 회사에서 출세하기 전에 자수성가한 백만장자들 그리고 그들의 가족은 많은 희생을 치렀다. 어떻게든 성공하기 위해 가장이 일주일에 60시간에서 100시간씩 일했던 경우가 많았다. 그 결과, 그들의 배우자와 자녀들은 가족

구성원 하나가 없는 채로 생활해야 했다.

나는 자수성가한 백만장자 수십 명을 직접 만나거나 전화 또는 이메일로 연락하는 즐거움을 누렸다. 그런데 주말엔 방문이나 통화가 불가능했던 경우가 많았다. 해외 출장을 가야 했기 때문이 아니라, 가족과의 약속을 우선시했기 때문이었다. 얼마나 신선한 경험이었던지! 그들은 이렇게 대답하고는 했다.

"죄송한데 주말에 성대하게 파티를 열려고 아이들과 차고를 장식하기로 했어요. 조만간 다시 연락해주세요."

"금요일에는 아이들을 시카고에 데려갈 거라서 통화를 못 하겠는데요. 다음 주 화요일인 10월 3일이나 수요일인 10월 4일은 어떠세요?"

순자산이 얼마든, 그들에게는 개인 생활이 우선인 듯했다. 개인 시간과 가족과의 시간이 그들에게 행복을 가져다주는 최고의 화폐인 것 같았다. 지금 소개할 자수성가형 백만장자인 스티브 S.는 일을 하는 내내 개인 생활을 중시하는 가치관을 손상하지 않으면서 가족을 부양해왔다고 말했다. 성공을 거둔 지금 그를 포함한 자수성가형 백만장자들은 더 많은 돈을 벌기 위해 노예처럼 일하기보다 균형 잡힌 생활을 추구하고 있다. 그들은 (은퇴하지 않은 경우) 여전히 투지를 잃지 않았고 사업에 적극적이지만, 경제적 여유 덕분에 돈으로 살 수 없는 가족과의 시간을 편안히 즐긴다. 그들은 가족과 보낸 즐거운 시간이 후손에게는 추억과 전통이 된다는 것을 알고 있다.

다음은 그들 중 일부가 백만장자로 성공한 뒤의 장점으로 꼽은 점들이다.

"성공하니까 가족을 비롯한 사람들에게 더 많은 시간과 돈을 쓸 수 있게 됐어요. 필립스 홈 임프루브먼트 창업 초창기에는 휴가도 안 갔어요. 성공한 덕분에 가족을 부양하면서도 가족과의 의미 있는 시간을 보내며 평생 갈 추억을 만들 시간도 일정에 넣을 수 있죠. 그건 가격을 매길 수 없는 것들이에요." — 제이슨 필립스

"이제는 가족을 풍요롭게 부양할 수 있습니다. 좀 놀아도 되고요. 친구들과 가족, 가끔씩 찾아오는 여행객들을 재워주고 먹여줄 정도는 되죠." — 브루스 쉰들러

"이제는 균형 잡힌 삶을 살고, 성취감과 사랑과 인정을 받는 느낌도 들고, 가족을 돌보면서 타인까지 도울 능력이 되죠." — 스티브 험블

"가족을 돌보면서 어려운 사람들도 도울 수 있게 됐어요."
— 버니 라잇지

"저의 가장 중요한 목표이자 업적은 네 자식에게 해줬던 아버지 노릇이고, 두 번째는 가까운 친구들에게 해줬던 친구 노릇이죠."
— 미키 레드와인

"성공은 내가 사랑하는 가족과 친한 사람들과 많은 시간을 보낼 수 있게 해주었습니다." — 젭 로페즈

♦ 가족과의 시간에 우선순위를 두기 위한 세 가지 방법

1. 매주 초에 가족과 보낼 시간을 일정에 넣는다. 어떤 일이 있어도 이 소중한 시간을 지킨다.

2. 가족과 함께 있는 동안 100퍼센트 그들에게 집중하고 있다는 것을 행동으로 보여준다. 업무상 이메일, 문자를 확인하거나 전화를 받는 일을 삼간다. 필요하다면 가족과 시간을 보내기 위해 저녁이나 주말에는 연락이 되지 않는다는 메시지를 남겨두라. 고객들에게 좋은 인상을 줄 것이다!

3. 자녀들이 어른이 되었을 때 당신이 했던 행동 그대로 당신에게 할 것이라는 사실을 인식하라. 자녀들과 함께하는 시간에 온전히 그들에게 집중해야만 그들이 성인이 되었을 때 당신에게 온전히 시간을 내주리라고 기대할 수 있다.

알고리즘 트리거: 이번 주 안에 가족이나 소중한 사람과 '함께할 시간'을 미리 정하고, 그 시간만큼은 휴대폰을 내려놓는다. 산책, 함께 밥 먹기, 차 한 잔, 예전 얘기 나누기처럼 대단한 이벤트가 아니라도 좋다. 일보다 먼저 챙기기로 약속했던 그 사람들을 기억하자. 진정한 성공은 결국, 그들과의 시간 안에 있다.

부자들은
왜 남을 돕는가?

♦ 사회 환원을 마지막으로 실천했던 때는 언제인가?

평범한 사람들의 선입견과 다르게, 자수성가한 백만장자 대부분은 사회 환원을 신뢰한다. 실제로 나는 그들에게서 사회 환원을 실천하는 확고한 동기가 있음을 느꼈다.

♦ 왜 그들은 사회 환원을 실천하는가?

어떻게 백만장자가 됐든, 그들은 다양한 이유로 사회에 환원했다. 어떤 이들은 자신이 어려울 때 도와준 사람들을 기억하며 사회 환원을 실천했다. 어떤 이들은 과거에 금전적 도움이 필요했던 힘든 시기에 아무도 도와줄 사람이 없었던 기억 때문에 사회 환원을 실천했다. 그리고 어떤 이들은 남들이 가지 않은 길을 걸으며 참고할 선례가 없어 아쉬웠다며 사회 환원에 나섰다. 이유가 뭐든 이 착한 사마리아인들은 타인의 삶에 변화를 가져오는 일이 좋아서 사회 환원에 나섰다.

♦ 언제부터 그들은 사회 환원을 실천하기 시작했는가?

어떤 이들은 성공을 위해 달려가는 도중에 사회 환원을 실천했다. 어떤 이들은 백만장자가 된 이후에 사회 환원에 집중했다. 양쪽 모두에 해당하는 이들도 있었다. 그들은 재산을 모으는 과정에서도 사회 환원을 실천했고 백만장자로 자수성가한 후로는 그 규모를 늘렸다.

♦ 그들은 어떤 방식으로 사회에 환원하는가?

이 책을 위해 인터뷰한 자수성가형 백만장자들은 다양한 방식으로 사회 환원을 실천하고 있었다. 어떤 사람들은 자신의 시간과 전문 지식을 기부하고 있었다. 자신이 사는 지역의 전문대학의 초빙 교수가 된 사람들도 있었다. 아프고 무기력한 사람들을 보살필 뿐 아니라 여성들에게 멘토가 되어주는 것으로 사회 환원을 하는 이도 있었다. 시간을 쪼개 교도소를 방문하여 재소자들이 출소한 후에 자기 사업을 시작할 수 있도록 준비시키는 사람도 있었다. 지역 사회의 예술을 후원하는 것으로 사회에 환원하는 이도 있었다. 자신이 선택한 자선단체에 재정적으로 기부하기도 했다.

하지만 이들에게 기부금을 받기 위해 줄을 서기 전에, 공짜 점심이나 공돈은 없다는 것을 인식하라. 자수성가한 백만장자들은 자신이 확신할 수 있는 사람이나 단체만 돕는 요령 있는 기부자들이다. 그들은 성공의 낚싯대를 물려받고 싶은 사람들만 돕는다. 52번째 성공 법칙(낚싯대는 이미 당신 손에 있다: 성공을 잡을 시간이다)에서 설명될 것처럼, 그들은 단순히 물고기를 주지 않고 대신 낚시하는 법을 가르쳐준다.

빌 던Bill Dunn은 자수성가한 백만장자가 목표였던 적은 없었지만 백만장자가 되어서 가장 만족스러운 점 중 하나가 자신이 수년간 누렸던 기회와 지원을 받지 못한 사람들과 자선단체에 많은 돈을 기부할 수 있는 것이라고 말했다.

나 역시 사회에 환원하기를 좋아한다. 나는 개개인이 정한 목표를 달성하는 데 필요한 수단들을 제공하기를 좋아한다. 자신에 대한 믿음을 키워주고 사람들이 자신 있게 자력으로 성공하도록 노력하게 만드는 것이 나의 사회 환원 방식이다. 이 책을 써서 당신이 백만장자로 자수성가하는 길로 들어서도록 돕는 것도 나의 사회 환원 방법이다.

한 번 더 질문하겠다. 당신은 현재 어떤 사회 환원을 실천하고 있는가? 당신의 시간이나 전문 지식, 돈을 기부하고 있는가? 베풀어야 얻을 수도 있다는 사실을 기억하라. 그것이 바로 순환의 법칙law of circulation이다.

백만장자로 자수성가해야만 사회 환원을 시작할 수 있는 것은 아니다. 하지만 보다시피 백만장자로 자수성가하기 위한 52가지 법칙 중 하나가 사회 환원이다. 이 책을 위해 인터뷰했던 백만장자 로저 드로즈는 사회 환원의 실천을 지지하며 이렇게 말했다. "인생의 발자취를 남기세요. 발자취를 남기지 못하겠다면 지문 하나라도 남기세요."

♦ 사회 환원을 실천하는 세 가지 방법

1. 지금까지 자신이 이룬 크고 작은 업적을 적어본다. 그것들을 어떻게 달성했는지 되돌아본다.

2. 당신이 밟았던 단계를 알면 도움이 될 만한 사람들에게 시간을 내어준다. 사람들의 이야기를 들어주는 것도 훌륭한 사회 환원 방식임을 인식한다.

3. 받은 만큼 베푸는 것이 기본임을 인식하라. 다른 사람에게 도움을 청하기를 원한다면 당신이 역경을 통해 배운 교훈들이 도움이 될 수 있는 사람들에게 시간을 내어줘라.

알고리즘 트리거: 지금 당장, 내가 가진 지식이나 경험으로 누군가에게 도움이 될 수 있는 방법을 생각해본다. 후배에게 커피 한 잔을 사주며 조언해주는 것, 내가 익숙한 분야를 모르는 사람에게 알려주는 것, 지역 커뮤니티나 온라인 카페에서 질문에 답해주는 것도 '사회 환원'이다. 중요한 건 돈보다 '태도'다. 오늘의 작은 기여 하나로, 당신도 누군가의 인생에 흔적을 남길 수 있다.

언젠가 찾아오는 돈이 다가 아니라는 걸 깨닫는 순간

나의 대부인 필 삼촌은 1940년부터 1960년대까지 작은 골목 상점을 운영했다. 그 시절에는 신용카드가 없었으므로 고객들은 물건을 살 때 현금을 냈다.

어머니 말에 따르면, 필 삼촌은 그 돈을 은행에 예금하는 대신 안전한 금고, 즉 본인의 집에 숨겼다고 했다. 삼촌은 돈을 커피 캔에 넣어 부엌 싱크대 아래, 냉동고 안, 매트리스 아래, 다락 등, 상상할 수 있는 거의 모든 장소에 두었다고 한다. 그 장소들만 알 았다면 삼촌의 집은 도둑들의 천국이었을 것이다!

당시 나는 겨우 12살이었지만 필 삼촌과 함께했던 추수감사절 식사를 결코 잊지 못할 것이다. 식탁에 앉아 디저트를 먹는 동안 부모님과 필 삼촌은 좋았던 옛 시절의 추억을 이야기했다. 우리 모두는 삼촌의 시간이 얼마 남지 않았다는 사실을 알고 있었다. 몇 개월 전에 필 삼촌이 말기 암이라는 진단을 받았기 때문이다.

어머니가 "필, 인생을 다시 살 수 있다면 다르게 살아보고 싶은 게 있어?"라고 물었다. "좀 놀기도 했어야 했는데 그걸 못 했어"라는 삼촌의 대답을 나는 결코 잊지 못할 것이다.

솔직히 말해, 돈은 편안하고 호화로운 삶을 살게 해준다. 분명히 돈은 삶을 즐길 수 있는 기회를 제공한다. 하지만 과연 그것으로 충분한가?

돈으로는 살 수 없는 것들이 있다. 이 책에 소개된 자수성가한 백만장자 9명의 이야기를 들어보자.

"경제적 성공에 너무 큰 비중을 두지 마세요. 아무리 많은 돈도 가족, 친구, 궁극적으로는 자신의 건강과 행복을 희생할 만한 가치는 없습니다." – 브루스 쉰들러

"백만장자가 되는 것에 연연하지 마세요. 그 생각을 떨쳐버리고 일에 집중하면 더 빨리 백만장자가 될 것입니다. 무슨 일을 하건, 절대 돈 때문에 하면 안 됩니다. 그럼 실패하거나 궁극적으로는 행복하지 못할 거예요." – 브라이언 윙

"돈에 대해서는 생각하지 마세요. 가장 중요한 것은 행복입니다. 지

적 자극을 주면서 성장을 장려하는 직업을 찾으세요. 그래야 돈을 많이 벌지 못해도 성취감을 느낄 수 있을 겁니다. 세상에는 불행한 백만장자들도 많습니다." — **빌 던**

"백만이라는 숫자에 초점을 두지 마세요. 당신만의 재능과 장점을 이용해 가치를 더해 줄 방법에 집중하세요. 그게 핵심입니다."
— **샤마 하이더**

"돈에 집중하지 마세요. 일을 훌륭하게 해내면서 인생을 즐기는 데 집중하세요." — **스티브 험블**

"돈에 치중하지 마세요. 좋아하는 일을 하세요. 성공한 후에는 그걸 혼자 거머쥐고 있으려고 하지 말고 보살핌을 필요로 하는 사람들을 돌봐 주세요." — **버니 라잇지**

"인내심을 가지세요. 로마가 하루아침에 건설되지 않았듯이 당신의 성공도 하루아침에 이뤄지지 않을 것입니다. 여유를 가지세요. 정신적으로도 건강한 삶인지 확인하고 영적, 정서적인 면을 돌볼 시간도 가지세요. 그것들은 당신이 생각하는 것보다 중요한 일입니다. 좋은 사람이 되려고 노력하세요." — **게리 모이렌**

"돈으로는 사랑이나 행복을 살 수도 없고, 장기적으로는 상황만 복잡하게 만들 뿐이죠." — **조 팔코**

"오로지 돈에 의해서 동기가 부여되는 일은 결코 없도록 하세요"
— **존 M.**

알고리즘 트리거: 하루 5분, 돈 없이도 나를 행복하게 해주는 사람·경험·시간을 떠올린다.

낚싯대는 이미 당신 손에 있다
: 성공을 잡을 시간이다

이 페이지까지 온 사람이라면 오직 스스로의 힘으로 백만장자가 된 사람들의 52가지 공통점을 알게 되었을 가능성이 높다.

백만장자로 자수성가할 수 있는 법칙은 이미 당신에게 주어졌다. 이제 그것들을 실행에 옮길 차례이다. 아래의 5단계 접근 방식으로 시작해보라.

♦ 백만장자로 자수성가하는 5단계 접근법

1. 52가지 성공 법칙 중 자신이 이미 습득한 법칙들을 써본다. 예를 들어 규칙적으로 운동하고 있다면 29번째 성공 법칙인 '이루고 싶은 게 있다면 체력을 먼저 길러라'를 습득했다고 적

는다. 또는 당신이 프로젝트를 시작했을 때 이를 완수하기 위해 해야 할 일들을 끈기 있게 해낸다면 25번째 성공 법칙인 '인생의 장애물을 만났을 때 4단계 극복 방법'을 습득했다고 적는다.

2. 이제 아직 습득하지 못한 성공 법칙들을 써본다. 예를 들어 당신이 종종 약속 시간에 늦기 때문에 '이런 사람과 엮이면 반드시 실패한다'는 성공 법칙에 아직 숙달되지 못했다고 생각한다면, 이를 습득해야 할 성공 법칙으로 적는다. 또는 쇼핑할 때 계획 없이 물건들을 산다면 24번째 성공 법칙인 '가난한 사람은 매일 하는데, 부자들은 절대 안 하는 행동'을 적는다.

3. 다음으로는 이를 일상적인 행동 방식으로 만들기 위해 우선적으로 노력해야 할 성공 법칙들의 순위를 매긴다. 그리고 한 번에 한 가지씩 성공 법칙을 몸에 익히며 그 과정을 즐긴다.

4. 각각의 성공 법칙 옆에 지금과 달라져야 할 행동을 적는다. 예를 들어 당신이 늦는 버릇이 있다면 "도착해야 할 시간 대신 출발해야 할 시간을 써둘 것이다"라고 적어둔다. 당신이 마트나 온라인 또는 오프라인 쇼핑몰에서 충동구매를 한다면 "구매 목록에 있는 물건들만 살 것이다"라고 적으면서 스스로와 약속한다.

5. 올바른 행동을 했을 때는 즉시 인정해준다. 행동이 바뀔 때마다 그것을 칭찬하는 글을 써서 자축한다. 예를 들어 11번째

성공 법칙인 '시간을 다스리는 사람들의 6가지 무기'를 익히기 위해 노력하는 과정에서 정해진 시간이나 그 전에 목적지에 도착했다면 "목적지에 도착해야 하는 시간 대신 출발해야 할 시간을 써둠으로써 시간을 지배하는 법을 배우고 있다"라고 기록하여 스스로 인정해준다.

알고리즘 트리거: 지금 당장 내가 가장 부족하다고 느끼는 법칙 한 가지를 골라, 오늘 안에 그것을 실천할 수 있는 일정을 정하고, 실행에 옮긴다.

에필로그

♦

바쁜 일정 속에서도 시간을 내어 이 책을 끝까지 읽어준 여러분께 감사드린다. 이 책을 읽고서 여러분이 성취할 수 있는 것들에 대한 기대치를 높이고자 하는 동기를 얻었기를 바란다.

나는 이 책이 여러분이 자수성가한 백만장자가 되는 데 어떤 도움을 주었는지 듣게 될 날이 오기를 고대한다. "천 리 길도 한 걸음부터"라는 공자의 말을 부디 기억하라. 분명히 여러분은 이미 52가지 성공 법칙 중 다수에 숙달되어 있을 것이다. 그러니 곧 끝이 보일 것이다.

이 책의 집필은 내게도 좋은 연습이 됐다. 독자 여러분에게 자력으로 성공할 수 있는 52가지 법칙을 전하고자 이 책을 썼지만, 그 덕분에 나 역시 자수성가한 백만장자라는 결승선에 더 가까워졌음을 고백하지 않을 수 없다.

여러분은 어떤가? 여러분이 자수성가한 백만장자라는 결승선에 도달하기로 정한 시한과 아직 습득하지 못한 성공 법칙들을 내게 알려주기 바란다.

 그러한 과정 도중에 언제든 내게 이메일을 보내도 좋다. 성공 법칙들을 익히는 동안에 생긴 의문들이 있다면 그에 대한 답변을 기꺼이 해줄 것이다. 또한 이 책에 소개한 자수성가한 백만장자들 중에서 여러분에게 도움을 줄 수 있는 이들에게도 그 질문들을 기꺼이 보내줄 것이다.

 마지막으로, 목적지만큼이나 여정도 즐기라는 말을 꼭 기억하기 바란다.

앤 마리 사바스

이 책에 소개된 백만장자들

◆ 짐 에이브러햄

시리아 이민 가정에서 태어난 매우 조용한 짐은 60대에 부동산 거물이 됐다. 그는 사탕 가게에서 바닥을 쓰는 일부터 시작해서 팝콘 가판대와 사탕 제조 담당을 거쳐 결국에는 그 가게를 인수했다.

캐러멜 캔디를 초콜릿에 담글 때마다 "2센트, 2센트, 2센트"를 주문처럼 외웠던 짐은 차곡차곡 돈을 모았다. 그는 30년 넘게 사탕을 만들고 팔아서 번 돈으로 오하이오, 애머스트와 그 인근의 땅을 샀다. 그가 샀던 땅은 훗날 노른자위 상업용지가 됐다. 그의 딸을 통해서 전해 들은 짐 에이브러햄의 이야기는 성공 법칙 32에 등장한다.

◆ 재커리 버크

재커리 버크 박사는 뉴욕에 본사를 둔 혁신적인 소프트웨어 회사인 해프코www. happco.com의 최고행복책임자다. 해프코는 기술과 데이터, 서비스를 결합해 조직이 직원들의 만족도와 업무 참여도를 알 수 있도록 지원해 준다. 재커리는 45세에 자수성가한 백만장자가 되었으며, 지금까지 25개 이상의 회사 설립에 중요한 역할을 해온 기업가다.

그의 이야기는 성공 법칙 2, 성공 법칙 44, 성공 법칙 48 자수성가한 백만장자들이 직접 들려주는 조언에서 인용된다.

♦ 사리안 부마

사리안은 《기초수급자에서 백만장자로의 변신: 승자의 정신》Welfare to Millionaire: Heart of a Winner의 저자다. 그녀는 30대 중반에 백만장자로 자수성가했다. 19세에 아프리카 시에라리온에서 미국으로 건너와 5년 만에 기초수급자로 전락했던 사람 치고는 대단한 일이 아닐 수 없다. 사리안은 끈기가 있었기에 푸드 스탬프가 부족해 아기의 분유를 살 수도 없다는 것을 깨달았을 때도, 자기 삶을 스스로 통제할 힘을 잃지 않았다.

사리안은 강한 정신력과 믿음으로 툭툭 털고 일어나서 직업 훈련을 받았다. 그녀는 가정부 일을 하다 직업 훈련을 받고 은행 창구와 신용조합에서 일했다. 1987년에는 메릴랜드주, 렉싱턴 파크에 사무실을 둔 캐피털 힐 빌딩 관리 회사를 설립했다. 그녀는 20년 동안 200명 이상의 직원을 고용했으며 그들에게 업무 훈련뿐 아니라 당당하게 살라는 가르침을 주었다. 사리안의 이야기는 성공 법칙 37에 나와 있다. 또한 성공 법칙 9, 성공 법칙 11, 성공 법칙 37에도 소개된다.

♦ 토머스 콜리

토머스는 조세 전공으로 석사 학위를 받은 공인회계사이자 재무설계사다. 그는 54세에 자수성가한 백만장자가 됐다. 그는 꿈을 정한 것이 자신의 성공에 큰 역할을 했다고 말한다. 즉, 이상적인 미래의 삶에 대한 청사진을 만든 다음 구체적인 꿈들과 그것들을 지원할 목표들을 추구했기 때문에 성공할 수 있었다는 것이다. 그는 성공 법칙 2, 성공 법칙 8, 성공 법칙 35, 성공 법칙 39에서 언급된다.

◆ 척 세카렐리

척은 아이다호주 마운틴홈에 있는 흥미로운 회사, 인 더 디치 토잉 프로덕츠www.intheditch.com와 림코 Rimco Inc.의 사주이자 사장이다. 그는 사업가이자 사이드 풀러의 발명자다. 근면함과 결단력, 이 두 가지가 그의 성공의 토대가 됐다. 연매출 2,400만 달러인 그의 회사는 80명의 정규 직원을 두고 있다. 척은 정규 교육을 받지 못했지만 계속해서 최고 전문가들에게 배운다. 척은 멘토들을 가까이하면서 자신과 회사에 적합한 조언들을 실천에 옮긴다. 40대 후반에 백만장자가 된 그의 이야기는 자수성가한 백만장자들이 직접 들려주는 조언과 성공 법칙 17에 나온다.

◆ 로저 드로즈

로저는 장애인들을 지원하는 미국 최대 공공 자선단체들 중 하나인 케슬러 재단 www.kesslerfoundation.org의 회장이며 최고경영자다. 체력 관리는 항상 로저 인생의 중요한 일부분이었다. 그의 이야기는 성공 법칙 2, 성공 법칙 29, 성공 법칙 50, 자수성가한 백만장자들이 직접 들려주는 조언에서 언급된다. 로저는 40대 중반에 백만장자로 자수성가했다.

◆ 빌 던

사우스캐롤라이나주 찰스턴이 근거지인 빌은 지난 30년간 프라이스워터하우스쿠퍼스PricewaterhouseCoopers(매출액 기준 세계 1위 다국적 회계 감사 기업 -옮긴이)에서 근무했다. 그는 30대 중반에 백만장자로 자수성가했고, 그 덕분에 돈이나 다른 스트레스에 대해 걱정하지 않고 자신을 행복하게 해주는 일을 할 수 있었다. 빌은 자선 활동에 큰 가치를 둔다. 그는 성공 법칙 2, 성공 법칙 50, 성공 법칙 51에서 언급된다.

♦ 로라 피츠제럴드

로라는 남자들의 영역으로 여겨지는 광업권 개발을 생업으로 한다(www.iliosresou rces.com. 로라는 자원 개발권(석유와 가스)을 허가받은 땅을 찾고, 매매하고, 중개하고, 임대한다. 2004년부터 로라는 4만 에이커 이상에 대한 채굴권을 따냈고, 그 결과 백만장자가 됐다. 로라는 "내가 수백만 달러를 벌어준 사람이 여럿이에요. 당신에게도 수백만 달러를 벌어줄 수 있어요."라는 말을 자주 한다. 로라는 성공 법칙 4에 등장한다.

♦ 앤디 히달고

앤디는 뉴저지주 플레밍턴에 본사가 있는 H/CELL 에너지 회사의 회장 겸 최고경영자다(OTCQB:HCCC; www. hcallenergy.com. H/CELL 에너지는 전 세계의 기업 및 정부를 고객으로 하는 청정에너지 회사다. 앤디는 검소한 생활 덕분에 46세에 백만장자로 자수성가했다. 그의 이야기는 성공 법칙 1, 성공 법칙 2, 성공 법칙 8, 성공법칙 43에 인용되어 있다.

♦ 스티브 험블

스티브는 2004년 크리에이티브 홈 엔지니어링(www.hiddenpassageway.com 을 설립했다. 이는 국내외의 극소수 고객에게 전동식 비밀 통로와 금고 문을 제작해주는 독특한 엔지니어링 회사이다. 그는 38세에 자수성가한 백만장자가 됐다. 그는 긍정적 태도를 유지했기에 회사를 키울 동안 장애물들을 극복할 수 있었다고 한다. 그의 이야기는 성공 법칙 2, 성공 법칙 28, 성공 법칙 43, 성공 법칙 51에서 인용된다.

◆ 샤마 하이더

샤마는 27살에 백만 달러 가치의 회사를 세우고 운영했다. 인도에서 태어난 샤마는 9살에 미국으로 왔다. 그녀는 결단력만 있으면 외국에서도 잘살 수 있다는 것을 배웠다.

샤마는 세계적 온라인 마케팅 및 디지털 홍보 회사인 마케팅 젠 그룹을 설립했다 www.shamahyder.com. 경영 전문 잡지 《엔트레프레너》Entrepreneur는 그녀를 '마케팅 선사(禪師)'로 불렀으며, FastCompany.com에서는 "밀레니얼 세대의 거장"으로 불렀다. 또한 샤마는 미국 100대 젊은 기업가 중 한 명으로 인정받아 백악관 및 유엔에 초대받는 영광을 누렸다. 그녀의 주옥같은 말은 성공 법칙 31에 나온다.

◆ 로라 코즐로프스키

로라 코즐로프스키는 매우 유능한 비서들에게 업무를 위임할 수 있었던 덕분에 미국 최대의 주택 담보 대출 회사 중 하나에서 실적이 가장 좋은 대출 담당자가 됐다. 그리고 40대에 처음으로 백만 달러를 벌었다. 로라는 일상적 업무보다 사업 구상에 에너지를 집중하며 시간을 현명하게 사용한 덕택에 성공했다고 말한다. 그녀의 이야기는 14번째 성공 법칙과 자수성가한 백만장자들이 직접 들려주는 조언에서 인용된다.

◆ 닉 코바체비치

닉은 합법적 대마초 사업의 선구자이다. 그는 동업자와 함께 2010년 합법적인 대마초의 용품들을 보급하는 쿠시 보틀스www.kushbottles.com를 시작했다. 그는 사우스웨스트 침례 신학대학에서 운동선수로 뛰었을 뿐 아니라 우등으로 졸업했다. 최고경영자인 그는 2016년 쿠시 보틀스를 주식시장에 상장시키면서 27살의 나이에 자수성가한 백만장자가 됐다. 닉의 성공 법칙 중 하나는 9번째 법칙인 끊임없이 스스로 도전하는 것이다. 닉은 성공 법칙 2, 자수성가한 백만장자들이 직접 들려주는 조언에도 등장한다.

◆ 버니 라잇지

버니와 남편인 릭은 플로리다주 오키초비에 플로리다 트로피 게이터스Florida Trophy Gators를 설립했다. 3대가 악어 사냥꾼이자 가공업자인 집안의 2세대인 그들은 60대에 자수성가한 백만장자가 됐다. 버니와 릭은 악어를 구입하고, 가공하고, 박제하는 독특한 사업을 한다. 그들은 어려운 사람을 돌보는 일에 높은 가치를 둔다. 버니가 들려준 지혜로운 이야기는 성공 법칙 2, 성공 법칙 11, 성공 법칙 34, 성공 법칙 49, 성공 법칙 51에서 볼 수 있다.

◆ 코니 로렌츠

코니는 아무나 극복할 수 없는 역경을 이겨냈다. 그래서 청구서를 받는 즉시 납부할 돈이 있었을 때, 이제 성공했다고 생각했다. 플로리다주 올랜도에 있는 아스팔트 회사에서 비서 겸 경리로 일했던 그녀는 수익성이 있는 회사가 왜 대금을 지불하지 못하는지 이해할 수 없었다. 그녀는 사장이 회사돈을 횡령하고 있었기 때문임을 알아냈다. 다른 주에 살고 있던 사주가 회사를 흑자로 돌려놓도록 도와준 후 그녀는 회사를 양도받았다. 코니는 43세에 백만장자가 됐지만 48세가 될 때까지 그 사실조차 몰랐다. 그녀의 이야기는 성공 법칙 7에 나온다. 성공 법칙 2, 성공 법칙 11, 자수성가한 백만장자들이 직접 들려주는 조언에서도 인용된다.

◆ 젭 로페즈

필리핀에서 태어난 젭은 미국에서 살기를 꿈꿨다. 그러나 막상 미국 대학을 졸업하고 워싱턴 D.C.에 있는 IT 회사에 취직해보니 회사 생활이 맞지 않았다. 2011년 젭은 워싱턴 D.C. 및 외곽 지역의 자동차 대리점과 정비소에 자동차 부품을 배달해주는 회사인 휠즈 업을 설립했다www.wheelzupnow.com. 43세의 나이에 백만장자가 된 젭이 전하는 지혜의 말은 성공 법칙 46, 성공 법칙 49, 자수성가한 백만장자들이 직접 들려주는 조언에 나온다.

◆ 게리 모이렌

게리는 가톨릭교도인 아일랜드계 이민자 가정의 일곱 남매 중 셋째였다. 그는 집안 최초로 하버드대학에 진학해 우등으로 졸업했다. 1993년 뉴저지 대법원의 인증을 받은 민사 사건 전문 변호사인 그는 2005년부터 월간지《뉴저지》에 의해 영향력 있는 변호사로 선정되기도 했다. 게리가 자수성가한 법칙 중 하나는 모든 사람과 친구가 되는 습관을 기른 것이다. 그의 이야기는 성공 법칙 41, 성공 법칙 51에서 인용된다.

◆ 존 M.

존은 1990년대에 기술 회사를 설립하고 운영하여 성공한 십 대 기업가였다. 그는 17살에 자수성가한 백만장자가 됐다. 몇 년 뒤에는 최대 투자은행 두 군데에서 일했고, 그 뒤로 TV 분야에서 일하기 위해 로스앤젤레스로 이사했다. 존의 이야기는 성공 법칙 2, 성공 법칙 4, 성공 법칙 51 및 자수성가한 백만장자들이 직접 들려주는 조언에 등장한다.

♦ 조 팔코

1994년 조와 그의 동업자인 스콧 산필리포는 온라인으로 반려동물 용품을 판매하는 더 페렛스토어www.TheFerretStore.com 를 설립했다. 2006년 닥터스 포스터 앤 스미스에 회사를 매각하며 조는 25세의 나이에 자수성가한 백만장자가 됐다. 그는 상황에 유연하게 대처한 것이 성공의 요인이었다고 말한다. 그의 이야기는 성공 법칙 33, 성공 법칙 51에서 인용된다.

♦ 제이슨 필립스

제이슨은 텍사스주, 플레이노에 본사가 있는 페인팅 및 집수리 회사인 필립스 홈 임프루브먼트의 사주이다. 30대에 백만장자로 자수성가한 그는 150명 이상의 직원을 두고 있다. 20년 전 자기 명의의 재산이라고는 2달러뿐이었던 사람으로서는 대단한 일이 아닐 수 없다. 제이슨은 성공 법칙 13, 성공 법칙 44, 성공 법칙 47, 성공 법칙 49에 등장한다.

♦ 존 피어스

존은 125년 역사의 금융 자문사인 스티펠의 채용 담당 책임자다. 그는 40대에 자수성가한 백만장자가 됐다. 존의 성공 법칙 중 하나는 생각할 시간을 마련하는 것이다. 성공 법칙 2, 성공 법칙 15, 성공 법칙 22 및 자수성가한 백만장자들이 직접 들려주는 조언에서 그의 이야기를 만날 수 있다.

♦ 미키 레드와인

이 건실하고 흥미진진한 텍사스 남자는 다이내믹 케이블 홀딩스의 설립자다. 그가 사주인 이 회사의 자회사 세 곳은 미국과 멕시코 전역에 수천 킬로미터의 광섬유 케이블을 매설했다.

사람 좋은 그는 30대 초반에 백만장자로 자수성가했고 2002년 은퇴했지만 여전히 월급이 필요한 사람처럼 일한다. 하지만 그가 맡은 일은 여러 회사와 단체의 무보수 이사직 같은 것들이다. 먹을 것조차 변변히 없었던 가난한 환경에서 자란 사람치고는 대단한 성공이 아닐 수 없다. 미키의 이야기는 성공 법칙 2, 성공 법칙 6, 성공 법칙 30, 성공 법칙 49 및 자수성가한 백만장자들이 직접 들려주는 조언에 나온다.

◆ 드루 리스

드루는 텍사스주, 맥키니에 본사를 둔 파퓰러 잉크의 회장 겸 최고경영자다. 6,500제곱미터 넓이의 공장에 50명 이상의 직원을 둔 그의 회사는 24시간 연중무휴로 가동된다. 그는 주 5일 전국을 돌며 잠재 고객을 방문하고 난방도 에어컨도 안 나오는 일터에서 잠을 자가며 회사가 채무에서 벗어나 순조롭게 돌아갈 수 있도록 갖은 노력을 다했다. 그런 고생은 20대에 백만장자로 자수성가하면서 보상을 받았다. 드루는 임무를 완수하려면 어떻게 해야 하는지 알고 있다. 《지략: 어느 사업가의 법칙》Sleight of Hand: An Entrepreneur's Bag of Tricks의 저자이기도 한 그는 성공 법칙 11, 성공 법칙 22, 성공 법칙 27에 등장한다.

◆ 크리스틴 수자

크리스틴과 그녀의 남편 조는 음악을 통해 하와이를 알리는 것을 사명으로 여긴다. 이를 위해 그들은 세상에서 가장 아름다운 하와이 우쿨렐레를 만든다. 그들은 하와이주, 카네오헤에 카닐레아 우쿨렐레를 설립했고www.kannileaukulele.com, 크리스틴은 2007년에 자수성가한 백만장자가 됐다. 부부는 700만 달러의 순자산을 보유한 우쿨렐레 산업의 선도 주자다. 크리스틴의 성공 법칙 중 하나는 집중력의 유지다. 그녀는 성공 법칙 38에서 집중력의 중요성을 들려준다.

◆ 앨런 샌포드

앨런은 35년간 뉴욕 필하모닉 단원으로 활동했다. 그는 9살 때 처음으로 바이올린과 사랑에 빠졌다. 그는 60대에 자수성가한 백만장자가 됐다. 그의 이야기는 성공 법칙 2, 성공 법칙 3, 성공 법칙 9, 성공 법칙 17, 성공 법칙 35에 등장한다.

◆ 스티브 S.

스티브는 뉴욕을 주 무대로 하는 성공적인 변호사이다. 그는 자신이 중요하게 여기는 것을 성취하기 위해 열심히 일했다. 스티브는 자신의 일에 충실했고 개인적 가치 기준을 굽히는 일 없이 가족을 부양해 왔다. 그의 주옥같은 지혜의 말은 성공 법칙 49에서 볼 수 있다.

◆ 브루스 쉰들러

브루스는 매머드 상아 조각으로 백만 달러 이상을 벌어들였다. 그는 대학을 졸업하고 알래스카주 스캐그웨이로 이사한 후에 내면의 열정을 발견했다.

브루스는 화석화된 35,000년 전의 매머드 상아를 복원하고 조각해서 화랑과 박물관에 판매한다www.schindlercarvings.com. 가난한 환경에서 자랐지만 자신이 롤모델로 생각하는 사람들과 시간을 보낸 것이 브루스의 성공 법칙이었다. 브루스의 이야기는 성공 법칙 16, 성공 법칙 17, 성공 법칙 44, 성공 법칙 51 및 자수성가한 백만장자들이 직접 들려주는 조언에서 볼 수 있다.

◆ 마이크 베터 _____

마이크는 플로리다주, 데이토나 비치에 있는 카 팩토리www.MTVconcepts.com의 소유주다. 그는 독일, 이탈리아, 터키, 프랑스에서 성장하면서 이국적인 자동차에 매료되기 시작했다. 그는 대학생일 때 처음으로 람보르기니를 구입한 것을 시작으로 해서 사람들이 떠올릴 수 있는 거의 모든 차를 소유하고 개조해봤다. 마이크는 40세에 자수성가한 백만장자가 됐다. 맡은 일은 반드시 끝내는 것이 그의 강점이다. 그의 이야기는 성공 법칙 2, 성공 법칙 11, 성공 법칙 25 및 자수성가한 백만장자들이 직접 들려주는 조언에서 인용된다.

◆ 제임스 티모시 화이트 _____

제임스는 16세에 자수성가한 백만장자가 됐다. 그는 12살 때 첫 번째 회사를 캐나다에 설립한 다음 수백만 달러 규모의 회사로 키워냈다. 성공한 기업가 다수처럼 제임스도 파산한 적이 있다. 그는 다음 벤처 기업www.wesaysold.com에 투자하도록 가족을 설득했고, 그 회사를 상장시키며 프랑크푸르트 증권거래소에 회사를 상장시킨 최연소 최고경영자가 됐다. 사람들에게 승낙을 얻어내는 그의 전략은 성공 법칙 21에 포함돼 있다. 그의 이야기는 성공 법칙 2 및 자수성가한 백만장자들이 직접 들려주는 조언에서도 언급된다.

◆ 브라이언 윙 _____

브라이언은 캐나다에서 태어난 인터넷 사업가다. 밴쿠버에서 홍콩/중국계 부모님 밑에서 자란 그는 14세에 고등학교를, 18세에는 대학을 졸업했다. 브라이언은 19살 때 모바일 광고 회사인 키프www.kiip.me를 설립했다. 그리고 2017년 그의 회사가 2,000만 달러를 벌어들이면서, 21살의 나이에 자수성가한 백만장자가 됐다.

브라이언의 성공 전략 중 하나는 유능한 직원들을 곁에 두는 것이다. 그의 이야기는 성공 법칙 13과 성공 법칙 51에서 인용된다.

♦ **곽지현** | 절약의 달인, 자취 생활 콘텐츠 크리에이터 _____

141만 원이라는 최저시급을 받으며 자취를 시작해, 절약과 저축만으로 스물네 살에 1억 원을 모은 '절약의 달인'이다. 월급의 90%를 저축하고 지출을 최소화하는 짠테크 방식으로 주목받으며, SBS 〈생활의 달인〉에 출연해 큰 화제를 모았다.

방송 출연 이후 한 달 만에 아파트 청약에 당첨되었고, 2년 뒤 또다시 1억 원을 모으며 재차 언론의 주목을 받았다. 이후 KBS 〈하이엔드 소금쟁이〉, YTN 〈황금나침반〉 등 다양한 방송과 조선일보, 중앙일보, 한국경제 등 주요 매체에 소개되며 '실천형 절약가'로 자리매김하며 관련 강연 활동도 병행하고 있다.

곽지현은 고등학교 졸업을 앞둔 열아홉 살 무렵부터 '스스로 삶을 책임지겠다'는 각오로 앱테크, 체험단, 무지출 챌린지, N잡 등 다양한 방법을 실천하며 자산을 차근히 형성해왔다. 현재도 절약과 재테크를 꾸준히 이어가며 자산가로 성장하기 위한 목표를 향해 나아가고 있다.

그는 부자가 되고 싶다는 막연한 바람만 품은 이들에게 자신이 걸어온 실제 방법을 통해, 누구나 현실에서 돌파구를 만들 수 있음을 전하고 있다. 유튜브, 네이버 카페, 오픈채팅방 등을 통해 짠테크 노하우를 공유하며 많은 이들에게 실천 가능한 경제적 동기를 전달하고 있다.

유튜브, 블로그 _절약의 달인 자취린이
네이버 카페, 오픈채팅방 _짠순짠돌 정보 공유
인스타그램 @jachwirini

♦ 권정훈 | 장사 컨설턴트&콘텐츠 크리에이터 ─────────────

프랜차이즈 대표들이 몰래 듣고, 실패를 경험한 자영업자들이 가장 먼저 찾는 실전 컨설턴트이다. 5년간 5,000여 명의 소상공인을 만나며 축적한 경험을 바탕으로 자립을 돕는 현실 밀착형 콘텐츠를 제작하고 있다. 유튜브 '장사 권프로' 채널에는 입지 선정부터 브랜딩, 직원 관리, 매출 회복 전략까지 자영업자들의 생생한 고민을 해결해주는 700여 개의 콘텐츠가 올라와 있다. MBC, SBS, 매일경제TV 등 방송 출연과 더불어 배민아카데미, SPC그룹, 중소벤처기업부 등 다양한 기관에서 강의했으며, 서울시 골목길 가게 프로젝트 심사위원으로도 활동했다. 현재 콘텐츠 회사 '나무야컴퍼니'와 외식 브랜딩사 'B2K Branding'의 대표이자, 자영업자 경제 교육 플랫폼 '장사는 건물주다'의 공동 창업자(CMO)로 활발히 활동 중이다.

유튜브, 블로그_ 장사 권프로
인스타그램 @kwonproda

♦ 김새해 | 베스트셀러 작가, 습관 설계 전문가, 콘텐츠 크리에이터 ─────────────

12년간 학자금, 병원비, 자립의 꿈을 짊어진 채 쉼 없이 일했지만, 서른이 되던 해 전 재산은 고작 200만 원뿐이었다. "왜 어떤 사람은 부자가 되고, 어떤 사람은 평생 가난에서 벗어나지 못할까?"라는 질문에서 출발해, 그는 수백 권의 책을 통해 부의 마인드, 감정 루틴, 잠재의식 구조를 탐구하고 이를 실천 가능한 시스템으로 구조화했다.

그 결과 수많은 사람들이 책으로 깨닫고 루틴으로 삶을 바꾸는 변화를 경험하고 있다. 현재 유튜브 〈김새해 부자습관학교〉와 온라인 교육 플랫폼 〈리치써클아카데미〉를 통해 30만 명 이상에게 실천 중심의 습관 설계 루틴을 전하고 있다. 대표 저서로는 《돈의 그릇》, 《무엇이든 잘 풀리는 인생》, 《내가 상상하면 꿈이 현실이 된다》,《오늘부터 성장할 나에게》,《돈의 신에게 배우는 머니 시크릿》이 있다.

유튜브 _ saehaekim
인스타그램 @saehaekim

♦ **김윤동** | **무역회사·미디어 플랫폼 대표** _____

글로벌 무역회사 ㈜바이젠과 동기부여 콘텐츠 플랫폼 ㈜성공한스푼의 대표. 반려동물 사료·첨가제·건강기능식품 등을 전 세계 20여 개국에 수출하며, SNS 누적 팔로워 75만 명 이상에게 매일 성장과 동기부여 콘텐츠를 전하고 있다.

15세에 미국 유학을 떠나 매사추세츠 주립대학교에서 경영학과 마케팅을 전공하고, 미국과 대만에서 무역·마케팅 경력을 쌓은 후 귀국해 사업을 시작했다. 독서에서 얻은 영감과 전략을 실제 사업에 적용해 연 매출 50억 원 규모의 기업을 성장시켰고, 현재는 '성공한스푼'을 통해 수많은 이들과 배움과 실행의 메시지를 나누고 있다. 인생의 궁극적 목표는 다음 세대 리더를 키우는 학교를 세우는 것이다.

유튜브, 블로그 _ 성공한스푼
인스타그램 @success_spoon

♦ **이주임** | **부동산 투자 전문가, 실전 부동산 강의 크리에이터**

돈이 없는 20대, 지방대 출신, 180만 원 월급쟁이. 좋은 '스펙'보다 돈을 버는 데 불리한 조건을 더 갖고 있었다. 그러나 경매로 투자를 시작해 이제는 13채 집주인이 되어 매달 월세만 500만 원을 받고 있다. 잘못된 정보를 걸러내 좋은 곳에 투자하는 방법만 제대로 안다면 경매야말로 소액으로 자산을 불리는 최고의 수단이라 믿는다. 투자를 시작했던 당시의 자신처럼 초기 자본이 없고 경매를 잘 모르는 사람들에게 도움을 주고자 만든 유튜브 채널 〈이주임의 회사 몰래하는 부동산〉은 채널 오픈 6개월만에 10만 명을 돌파했고, 현재 20만 명에 육박하며 대한민국 대표 경매 채널로 성장하고 있다. 또한 더욱 체계적으로 자신의 노하우를 알리고자 만든 부동산 교육기관 〈월급 추월 부동산 재테크〉를 통해 부동산 초보들이 성공적인 경매를 할 수 있도록 돕고 있다.

유튜브 _이주임의 회사 몰래하는 부동산
인스타그램 @bdswinner

♦ **조예원** | 자기계발 크리에이터&온라인 사업가 ─────────────────

호기심과 실행력을 무기로, 대학생의 일상 속 자기계발을 전하는 인플루언서이자 온라인 사업가이다. 1년 만에 5만 팔로워를 모으며 '미친 실행력'이라는 키워드로 주목받았다. 콘텐츠 제작, SNS 브랜딩, 퍼스널 브랜딩 강의, 협업 프로젝트 등 다양한 활동을 전개하고 있으며, 실행을 통해 변화한 경험을 바탕으로 또래 청년들에게 긍정적인 동기와 실질적인 변화의 메시지를 전하고 있다.

인스타그램 @ye._wonii

자수성가한 백만장자들이 직접 들려주는 조언

"첫째, 뛰어난 실력을 쌓을 수 있게 자신에게 투자하세요. 둘째, 열정을 가질 수 있는 직업을 찾으세요. 셋째, 자신의 일에서 최고가 되세요. 넷째, 목표한 월급을 달성하고 남은 돈은 투자하세요. 마지막으로 사회 환원도 잊지 마세요. 언젠가 어떤 식으로든 자신에게 되돌아올 것입니다." _로저 드로즈

"당신은 못 할 거라는 사람들의 말을 듣지 말고 자신을 믿으세요. 진심으로 원한다면 할 수 있습니다!" _코니 로렌츠

"성공은 여러 형태로 찾아옵니다. 그러니 경제적 성공에 너무 비중을 두지 마세요. 아무리 많은 돈이라도 가족, 친구, 당신 자신의 건강과 행복을 희생할 만한 가치는 없습니다! 그렇지만 열심히 일하세요! 성공을 위해 꾸준히 노력하세요! 자신의 결점, 실패, 특히 성격상 단점을 인

정하세요. 완벽한 사람은 없으며, 자신의 문제를 남에게 전가하지 않고 인정할 때 진실한 삶을 살게 됩니다. 진실성은 가장 큰 자산이 될 겁니다. 주변 사람들에게는 권한을 부여해주세요. 제게도 어려운 도전이지만, 성공을 두려워하지 말고 자신의 재능을 부끄러워하거나 제한하지도 마세요. 자신을 제한할 때 세상에 줄 수 있는 것을 제한하게 될 뿐이니까요." _ 브루스 쉰들러

"절대 포기하지 말고, 경청하는 법을 배우고, 실패로부터 배움을 얻고, 위험을 두려워하지 말고, 과정을 즐기세요!" _ 존 피어스

"모든 일을 사후가 아니라 사전에 대응하도록 늘 노력하세요. 모든 것을 미리 고려하세요! 삶에서도 사업에서도 합당한 대가가 아니라 협상한 만큼 얻게 됩니다! 때로는 지는 것이 이기는 것이죠. 아내와의 말싸움에서 져주라는 말입니다. 부를 얻으려는 열망도 좋지만 행복까지 얻고 싶다면 부와 행복, 둘 사이의 균형을 찾으세요." _ 미키 레드와인

"경조사, 휴가, 친구들과의 교제도 외면하고 틀어박혀 사업과 매출에만 집중하는 법을 배우세요. 항상 사업을 최우선으로 생각해야 합니다. 아무리 지위가 올라가도 항상 본인이 직접 수표에 서명하고, 업계 경험이 풍부한 변호사를 곁에 두세요." _ 제임스 티모시 화이트

"장차 경제적 자유를 얻고자 하는 사람들에게 내가 해줄 수 있는 조언은 누군가 할 수 있는 일이라면 당신도 할 수 있다는 것입니다. 당신도 자수성가한 백만장자들이 가진 모든 수단을 똑같이 갖고 있으므로 그들이 해낸 일을 못 할 이유가 전혀 없습니다. 자신이 닮고 싶은 사람들을 주위에 두세요. 내 경험에 의하면 좋은 것이든 나쁜 것이든 아주 많은 것을 가까운 사람들로부터 배우게 됩니다. 그래서 나는 부정적인 사람들, 게으른 사람들을 피하려고 노력했고 충고는 누가 해준 말인지 고려해서 받아들였습니다. 당신만큼도 못하는 사람이 유용한 충고를 해줄 수는 없으니까요." _ 마이크 베터

"자수성가한 백만장자가 당신의 목표라면 가치관을 재고해보라고 말하겠습니다. 자신에게 영감을 주는 일을 찾고 추구해야 한다고 생각합니다. 돈이 되는 일이라고 해도 좋아하지 않는 일에 전념할 수는 없으니까요." _ 척 세카렐리

"어떤 일이 닥쳐도 코뿔소처럼 계속 돌진하세요!" _ 젭 로페즈

"롤러코스터와도 같은 기복을 경험할 텐데 그럴 때 너무 열광하지도, 너무 침울해하지도 말고, 배우고, 성장하고, 건설해갈 수 있는 나날에 감사하는 마음을 잊지 마세요." _ 닉 코바체비치

"꿈을 찾으세요. 당신을 흥분시키면서 타고난 재능을 발휘하게 하는 꿈이요. 그리고 평생 그 꿈을 추구하세요." _ 토머스 콜리

"감사하는 태도를 유지하세요. 그게 어렵다면 매일 어떤 긍정적인 일이 있었는지 알려주는 문자를 자신에게 보내세요. 오늘도 빛나는 태양을 보며 미소 짓고 감사해야 한다는 것을 상기하세요." _ 로라 피츠제럴드

"백만장자가 된다 해도 행복해지지는 않는다는 것을 깨달으세요. 개인적인 발전에 충분한 시간을 할애해야만 합니다." _ 재커리 버크

"다른 누구보다 당신 자신을 믿어야 합니다. 당신의 나이가 얼마든, 출신 배경이 어떻든, 당신이 추구하는 일은 당신이 제일 잘할 수 있으니까요. 긍정적인 결과로 이어지는 길을 찾으려면 몇 번이고 실패를 거듭할 용의가 있어야 합니다. 당신이 영향을 끼치려고 하는 어떤 분야에서든 최대한 지식을 쌓고, 오로지 돈에 의해서만 동기 부여가 되는 일은 절대로 없도록 하세요. 성공은 여러 측면에서 느낄 수 있고 보상받을 수 있습니다." _ 존 M.

부록
3

내가 습득한 성공 법칙들

자신이 습득한 성공 법칙들을 아래에 써보세요.

자수성가한 백만장자가 되기 위해 습득해야 할 성공 법칙들

자수성가한 백만장자가 되기 위해서 앞으로 습득해야 할
성공 법칙들을 아래에 써보세요.

백만장자 알고리즘

초판 1쇄 발행 2025년 5월 20일

지은이 | 앤 마리 사바스
옮긴이 | 김미정
펴낸이 | 김선욱

디자인 | 문성미
마케팅 | 김하늘

펴낸곳 | ㈜레디투다이브　**출판등록** | 2024년 10월 18일 제 2024-000132호
ISBN 979-11-989991-6-0 (03320)

㈜**레디투다이브**는 독자 여러분의 책에 관한 아이디어와 원고 투고를 기다리고 있습니다.
책 출간을 원하시는 분은 이메일 master@readytodive.kr로 간단한 개요와 취지, 연락처 등을 보내주세요.